대한 검정회

김인숙 지음

한자 예상 문제집

준5급

다락원

저자 김인숙

한어교육원 대표
한중상용한자지도사 양성
한자놀이지도사 양성
어린이중국어지도사 양성
유한대학교 외래교수
중국루동대학교 국제중국어과 석좌교수

저서

「대한검정회 한자 예상 문제집 5급」
「자동암기 신비한자 8급, 7급, 6급, 5급 시리즈」
「가장 쉬운 어린이 중국어 시리즈」
「주니어 신HSK붐붐 1, 2, 3, 4권」
「어린이YCT붐붐2급」
「국민대표중국어첫걸음」
「뽀뽀와 구루몽의 신나는 중국어 시리즈」 공저

콘텐츠 개발

호락호락오감중국어
한자랑중국어랑 놀자
문정아중국어 '리듬'기획

대한검정회 한자 예상 문제집 준5급

지은이 김인숙
펴낸이 정규도
펴낸곳 (주)다락원

초판 1쇄 인쇄 2025년 8월 25일
초판 1쇄 발행 2025년 9월 5일

기획 권혁주, 김태광
편집 이후춘, 한채윤, 전수민, 송영진
디자인 최예원, 이승현
일러스트 김은미

다락원 경기도 파주시 문발로 211
내용문의 : (02) 736 – 2031 내선 291~296
구입문의 : (02) 736 – 2031 내선 250~252
팩스 : (02) 732 – 2037
출판등록 1977년 9월 16일 제406 – 2008 – 000007호

Copyright© 2025, 김인숙

저자 및 출판사의 허락 없이 이 책의 일부 또는 전부를 무단 복제·전재·발췌할 수 없습니다. 구입 후 철회는 회사 내규에 부합하는 경우에 가능하므로 구입문의처에 문의하시기 바랍니다. 분실·파손 등에 따른 소비자 피해에 대해서는 공정거래위원회에서 고시한 소비자 분쟁 해결 기준에 따라 보상 가능합니다. 잘못된 책은 바꿔 드립니다.

ISBN 978-89-277-7498-3

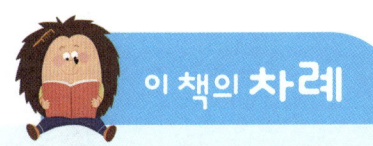

이 책의 차례

이 책의 구성	004
한자급수자격검정시험 안내	005
준5급 시험 출제 기준	009
준5급 시험 기출 유형	010
한자의 짜임	013
부수의 위치	014
준5급 신출한자(30字)	015
8급~6급 배정한자(70字)	016

대한검정회 한자예상문제 1회	018
대한검정회 한자예상문제 2회	021
대한검정회 한자예상문제 3회	024
대한검정회 한자예상문제 4회	027
대한검정회 한자예상문제 5회	030
대한검정회 한자예상문제 6회	033
대한검정회 한자예상문제 7회	036
대한검정회 한자예상문제 8회	039
대한검정회 한자예상문제 9회	042
대한검정회 한자예상문제 10회	045
대한검정회 한자예상문제 11회	048
대한검정회 한자예상문제 12회	051
대한검정회 한자예상문제 13회	054
대한검정회 한자예상문제 14회	057
대한검정회 한자예상문제 15회	060

| 정답 및 해설 | 063 |
| OMR 카드 | 109 |

이 책의 구성

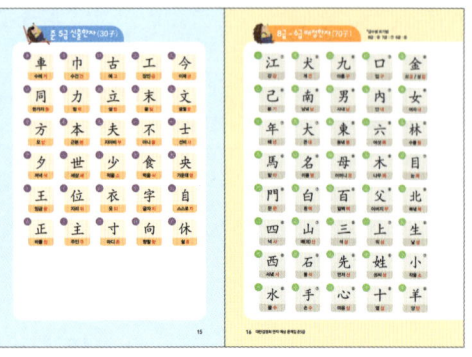

준5급 신출 한자와 배정한자

한자급수자격검정시험에서 8급부터 준5급까지 배정된 한자를 음에 따라 가나다 순으로 정리했어요. 한자의 왼쪽 상단에는 부수를, 오른쪽 상단에는 급수를 표기했으며, 시험 전에 빠르게 복습할 수 있어요.

新경향 예상 문제

최신 출제 경향을 반영한 실전 대비 예상 문제 15회분을 수록했어요. 준5급 시험을 철저하게 분석해서 다양한 문제에 충분히 대비할 수 있어요. 실제 시험 시간에 맞춰서 풀어 보며 연습해보세요.

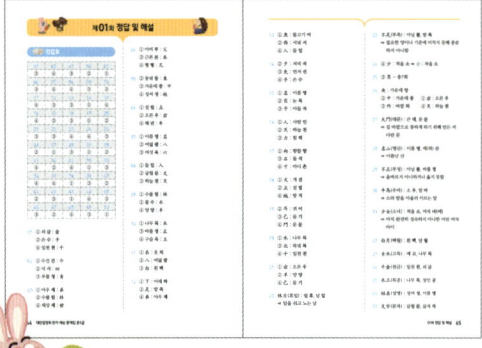

해설과 정답

정답과 상세한 해설을 수록했어요. 틀린 문제 또는 확실히 정답을 알지 못했던 문제들은 해설을 통해 확인하며, 부족한 점을 채워보세요.

한자급수자격검정시험 안내

● '대한검정회 한자급수자격검정시험' 이란 무엇인가요?

'사단법인 대한민국한자교육연구회 대한검정회'에서 주최하는 시험으로, 전문화된 직업 능력을 고양할 수 있는 가장 기초적인 도구 과목으로 자리매김하게 되었어요. 한자급수자격검정시험은 21세기에 세계를 주도할 新지식인의 기본 소양을 위한 필수 자격으로, 새로운 민족문화의 수립과 한자 문화권에 대한 이해와 협력을 증진시키는 데 이바지할 수 있을 것이라고 기대돼요.

● 시험은 언제 볼 수 있나요?

한자급수자격검정시험 시행 일정은 대한검정회 홈페이지(hanja.ne.kr)에서 확인하세요.

① 현장

회차	시행일	시험 등급	인터넷 접수 기간	합격자 발표일 (홈페이지/ARS)
제106회	2025.02.22. (토)	8급 ~ 대사범	2024.12.16. (월) ~ 2025.01.03. (금)	2025.03.17. (월) 오전 10시
제107회	2025.05.24. (토)	8급 ~ 대사범	2025.03.17. (월) ~ 2025.04.04. (금)	2025.06.16. (월) 오전 10시
제108회	2025.08.23. (토)	8급 ~ 대사범	2025.06.16. (월) ~ 2025.07.04. (금)	2025.09.15. (월) 오전 10시
제109회	2025.11.22. (토)	8급 ~ 대사범	2025.09.15. (월) ~ 2025.10.03. (금)	2025.12.15. (월) 오전 10시

※ 접수 시 고사장별 접수 인원에 따라 조기 마감될 수 있어요.
※ 시행 일정은 사정에 의해 변경될 수 있어요.
※ 추가 접수는 받지 않으니 접수 기간 내 접수해야 해요.

시험 시간	시간	내용	소요 시간
8급 ~ 3급 (13:40~14:40)	13:40 ~ 13:50	수험표 및 신분증 확인	10분
	13:50 ~ 13:55	시험 시 주의사항 전달	5분
	13:55 ~ 14:00	봉인 확인 및 답안지 주의사항	5분
	14:00 ~ 14:40	시험지 배부 및 시험 실시	40분
		계	60분

※ 오후 1시 40분까지 전국 동시 입실을 완료해야 해요. (오후 1시 40분 이후에는 입실할 수 없어요.)
※ 오후 2시 정각에 전국 동시 시험 문제 풀이가 시작돼요.

② 자기주도형 온라인

회차	시행일	시험 등급	인터넷 접수 기간	합격자 발표일 (홈페이지/ARS)
제106회	2025.02.08. (토)	8급 ~ 3급	2025.01.06. (월) ~2025.01.12. (일)	2025.02.24. (월) 오전 10시
제108회	2025.08.09. (토)	8급 ~ 3급	2025.07.07. (월) ~2025.07.13. (일)	2025.08.25. (월) 오전 10시

교시	시험 시간	등급	문제풀이 시간
3교시	11:40 ~ 12:05	준5급	25분

※ 시험 문제 풀이 시간은 6급~3급은 25분 동안이에요.
※ 급수별 시험 시작시간이 다르므로 확인하세요.
※ 시험 시작 30분 전부터 입장이 가능합니다.
※ 늦게 입장하는 경우에도 종료시간은 동일하니 미리 입장하여 대기해야 해요.

한자급수자격검정시험 안내

● **참가회비는 얼마인가요?**

등급		8급	7급	6급	준5급	5급
총비용	참가회비 (시험진행경비)	20,000원				
	자격증 발급비	무료 직접 출력 (무제한 출력 기능 제공)				

- 현장과 자기주도형 온라인 모두 참가회비는 동일해요.
- 인터넷 및 모바일 접수는 온라인 수수료 1,000원이 추가돼요.
- 환불 규정 : 홈페이지 환불 규정을 참조하세요.

● **출제 형식은 어떤가요?**

등급	검정 과목	검정 방법	문항수	출제 형식	합격 기준	
준5급	한문지식 (한자 100)	필기시험	50	객관식(50)	70점 이상 (1문항당 2점)	50문항 중 35문항 이상

※ 상위 등급의 선정 한자 수는 하위 등급의 선정 한자 수가 포함된 것이에요.

● **준비물은 무엇인가요?**

① 현장
- 수험표, 검정색 볼펜, 수정 테이프, 실내화
- 신분증 (청소년증, 학생증, 주민등록증, 운전면허증, 대한검정회 카드자격증)

※ 8급~3급 응시자 중 만 12세 이하의 경우는 신분증 없이 수험표만으로도 입실이 가능해요.

② 자기주도형 온라인
- 카메라 기능이 있는 PC, 노트북, 태블릿PC 중 하나를 택합니다.

※ 태블릿PC보다는 노트북, PC 사용을 권장해요.
※ 태블릿PC는 안드로이드 기반에서만 가능하며 아이패드는 사용이 불가능해요.

한자급수자격검정시험 안내

※ 시험 응시는 반드시 크롬 브라우저 및 어플을 이용해야 해요.
※ 애플 기기(아이폰, 맥북, 아이패드 등)는 시험 접수 및 응시가 불가능해요.

● **응시자 유의사항은 어떤 점들이 있나요?**
- 모든 응시자는 13시 40분까지 본인 좌석에 착석해 주세요.
- 책상 위에는 신분증, 수험표, 필기도구만 올려놓아야 해요.
- 반드시 전자기기의 전원버튼을 꺼주세요. 부정행위로 간주될 수 있어요.
- 답안지에 잘못 기재하였을 경우, (답안지 교체를 요청하거나) 수정테이프로 수정해요.
- 본인이 배부받은 시험지가 신청한 등급의 시험지가 맞는지 반드시 확인해 주세요.
- 답안지 작성에 어려움이 있거나 문의가 있으실 경우, 손을 들어서 감독관을 찾아주세요.

● **부정행위자로 간주되는 사례는 어떤 것이 있나요?**
- 전자기기(휴대폰, 스마트시계, 전자사전 등)를 소지한 사람
- 시험 중에 다른 응시자와 대화하는 사람
- 시험 중에 다른 응시자와 답안지를 서로 교환하는 사람
- 시험 중에 다른 응시자의 답안지 또는 문제풀이 과정을 보고 자신의 답안을 작성하는 사람
- 다른 응시자를 위하여 답안을 보여주거나 또는 자신의 답안을 제공한 사람
- 시험 중에 시험문제내용과 관련된 교재 또는 관련 자료를 참고한 사람
- 고사장 내외로부터 도움을 받아 답안을 작성한 사람
- 다른 응시자와 성명 또는 수험번호를 바꾸어 제출한 사람
- 대리시험을 치른 자 및 치르게 한 사람
- 기타 부정 또는 불공정한 방법으로 시험을 치른 사람

● **부정행위 처벌규정은 어떤가요?**
- 부정행위자로 간주되면 즉시 해당 응시자의 시험 중지 후 퇴실조치 돼요.
- 당 회차 검정을 중지하고 다음 회차까지 응시자격이 제한돼요.

시험 정보가 궁금해

준5급 출제 기준

대분류	중분류	주요내용	문항수
한자	한자	한자의 훈음 알기	20
		훈음에 맞는 한자 알기	
		한자의 짜임을 통한 형음의 알기	
	활용	한자의 다양한 훈음 알기	6
		부수와 획수 적용하기	
		자전(옥편) 활용하기	
		유의자와 반의자의 한자 알기	
		한자어(단어)에 적용하기	
한자어 (어휘)	한자어	어휘의 독음 알기	12
		어휘의 뜻 알기	
		낱말을 한자로 변환하기	
		한자어의 짜임 알기	
	활용	문장 속의 한자어 독음 알기	11
		문장 속의 낱말을 한자로 변환하기	
		유의어와 반의어 알기	
		성어의 속뜻 알기	
	문화	선인의 삶과 지혜를 이해하고 가치관 형성하기	1
		전통문화를 이해하고 발전시키기	
합계			50

준5급 시험 기출 유형

〈예시〉

1 한자를 보고 훈과 음이 바른 것을 고르는 문제가 나와요.

※한자의 훈과 음으로 바른 것을 고르시오.

01 足 (   )   ① 기를 육   ② 수레 거   ③ 발 족   ④ 날 출

〈예시〉

2 훈과 음에 맞는 한자를 고르는 문제가 나와요.

※훈음에 맞는 한자를 고르시오.

11 몸 기 (   )   ① 目   ② 己   ③ 士   ④ 立

〈예시〉

3 한자의 훈음, 부수와 획수 적용, 유의자와 반의자, 부수와 획수, 자전(옥편)을 활용하는 등 한자를 익히고 활용하는 다양한 문제가 나와요.

※물음에 알맞은 답을 고르시오.

21 흐르는 물의 모양을 본떠 만든 한자는?

① 川   ② 火   ③ 夕   ④ 少

> 최고 출력 700 22)<u>馬力</u>을 자랑하는 세계적인 23)<u>名車</u>가 국내에 첫 출시됐다. 이번 출시로 고성능 프리미엄 자동차 시장에 큰 변화가 있을 것으로 보고 있다.

22 위의 밑줄 친 '馬力'에서 '力'의 훈음으로 바른 것은?

① 힘 력   ② 힘 내   ③ 힘 차   ④ 힘 명

23 위의 밑줄 친 '名車'을(를) 바르게 읽은 것은?

① 명품   ② 명사   ③ 명차   ④ 명마

24 밑줄 친 부분에 해당하는 한자가 잘못 쓰인 것은? (   )

① 저녁 생일 파티에 친구들이 모였다. : 夕
② 어머니는 아들을 꼭 껴안았다. : 母
③ 구슬이 반짝이는 목걸이를 착용했다. : 玉
④ 골목 맨 끝에 빵집이 있습니다. : 夫

〈예시〉

4 한자어에 관련된 질문으로 어휘의 독음이 바른 것을 찾는 문제가 나와요.

※어휘의 독음이 바른 것을 고르시오.

27 水心 (   )   ① 인심   ② 수심   ③ 소심   ④ 동심

〈예시〉

5 한자어에 관련된 질문으로 어휘의 뜻이 맞는 것을 찾는 문제가 나와요.

※어휘의 뜻으로 알맞은 것을 고르시오.

32 同心 (   )   ① 마음을 같이함   ② 어린이의 마음
                  ③ 마음을 나눔   ④ 올바른 마음 가짐

〈예시〉

6 낱말을 한자로 바르게 쓴 것을 고르는 문제가 나와요.

※낱말을 한자로 바르게 쓴 것을 고르시오.

35 연년 : 해마다. (   )

①上年   ②千年   ③同年   ④年年

〈예시〉

7 밑줄 친 한자의 독음을 바르게 쓴 것을 고르는 문제가 나와요.

※밑줄 친 부분을 한자로 바르게 쓴 것을 고르시오.

38 오늘은 休日입니다. (   )

①주일   ②생일   ③휴일   ④금일

11

〈예시〉

8 밑줄 친 부분에 맞는 한자를 고르는 문제가 나와요.

※밑줄 친 부분을 한자로 바르게 쓴 것을 고르시오.

시간은 45)천금을 주고도 못사는 소중한 것이다.

45 천금 (   )

① 天金   ② 千金   ③ 百金   ④ 古金

〈예시〉

9 물음에 알맞은 답을 고르는 문제가 나와요.

※물음에 알맞은 답을 고르시오.

48 숫자를 나타내는 한자가 <u>아닌</u> 것은? (   )

① 九   ② 十   ③ 白   ④ 五

지금까지 준5급에 출제되는 문제 유형을 살펴봤어요. 이제부터 기출 유형을 반영한 모의고사를 풀어보며 실전에 대비해보세요!

한자의 짜임

상형문자
사물의 모양을 본떠 만든 글자

지사문자
회의문자
나무木와 나무木가 만나면 울창한 숲林이래

형성문자
입(뜻)과 문(음)을 합하여 '물어보다'라는 뜻이 된 글자

수풀 림

물을 문

전주문자
이미 있는 한자를 이용하여 전혀 다른 음과 뜻으로 사용하는 글자

가차 문자
한자가 없을 때, 뜻은 다르나 음이 같거나 비슷한 한자를 찾아 사용된 글자

부수의 위치

부수는 글자에서 놓인 위치에 따라 부르는 이름이 달라요. 변, 방, 머리, 발, 엄, 받침, 몸, 제부수 8가지로 나눕니다.

이름	위치		설명	예
변			글자의 왼쪽에 위치한 부수	話 計
방(곁방)			글자의 오른쪽에 위치한 부수	利 別
머리			글자의 위쪽에 위치한 부수	京 交
발			글자의 아래쪽에 위치한 부수	元 光
엄(엄호)			글자의 위와 왼쪽을 싸고 있는 부수	原 历
받침			글자의 왼쪽과 밑을 싸고 있는 부수	近 遠
몸(에운담)			글자를 에워싸고 있는 부수	區 開 圖
제부수			한 글자 그대로 전체가 부수	音 黃 首

준5급 신출한자 (30字)

부수	漢字	훈음
車	車	수레 거/차
巾	巾	수건 건
口	古	예 고
工	工	장인 공
人	今	이제 금
口	同	한가지 동
力	力	힘 력
立	立	설 립
木	末	끝 말
文	文	글월 문
方	方	모 방
木	本	근본 본
大	夫	지아비 부
一	不	아니 불
士	士	선비 사
夕	夕	저녁 석
一	世	세상 세
小	少	적을 소
食	食	먹을 식
大	央	가운데 앙
王	王	임금 왕
亻	位	자리 위
衣	衣	옷 의
子	字	글자 자
自	自	스스로 자
止	正	바를 정
丶	主	주인 주
寸	寸	마디 촌
口	向	향할 향
亻	休	쉴 휴

8급 ~ 6급 배정한자 (70字)

*급수별 표기법
8급 : ⑧ 7급 : ⑦ 6급 : ⑥

江⑦ 강강	犬⑥ 개견	九⑧ 아홉구	口⑦ 입구	金⑧ 쇠금/성김
己⑥ 몸기	南⑧ 남녘남	男⑧ 사내남	內⑦ 안내	女⑧ 여자녀
年⑦ 해년	大⑦ 큰대	東⑧ 동녘동	六⑧ 여섯륙	林⑥ 수풀림
馬⑥ 말마	名⑥ 이름명	母⑧ 어머니모	木⑧ 나무목	目⑦ 눈목
門⑧ 문문	白⑦ 흰백	百⑥ 일백백	父⑧ 아버지부	北⑧ 북녘북
四⑧ 넉사	山⑦ 메(뫼)산	三⑧ 석삼	上⑦ 위상	生⑥ 날생
西⑧ 서녘서	石⑥ 돌석	先⑥ 먼저선	姓⑥ 성씨성	小⑦ 작을소
水⑧ 물수	手⑦ 손수	心⑥ 마음심	十⑧ 열십	羊⑥ 양양

魚 魚 ⑥ 물고기 어	二 五 ⑧ 다섯 오	玉 玉 ⑥ 구슬 옥	夕 外 ⑦ 바깥 외	口 右 ⑦ 오른 우
牛 牛 ⑥ 소 우	月 月 ⑧ 달 월	二 二 ⑧ 두 이	耳 耳 ⑥ 귀 이	人 人 ⑧ 사람 인
日 日 ⑧ 날 일	一 一 ⑧ 한 일	入 入 ⑦ 들 입	子 子 ⑧ 아들 자	弓 弟 ⑧ 아우 제
足 足 ⑦ 발 족	工 左 ⑦ 왼 좌	丨 中 ⑦ 가운데 중	土 地 ⑥ 땅 지	巛 川 ⑥ 내 천
十 千 ⑥ 일천 천	大 天 ⑥ 하늘 천	青 青 ⑦ 푸를 청	凵 出 ⑦ 날 출	一 七 ⑧ 일곱 칠
土 土 ⑧ 흙 토	八 八 ⑧ 여덟 팔	一 下 ⑦ 아래 하	儿 兄 ⑧ 맏 형	火 火 ⑧ 불 화

준5급 제01회 대한민국한자급수자격검정시험예상문제 [가형]

수험번호: _____ | 성명: _____

■ 다음 물음에 맞는 답의 번호를 골라 답안지의 해당 답란에 표시하시오.

※ 한자의 훈음으로 바른 것을 고르시오.

01 今( ) ①쇠 금 ②손 수 ③이제 금 ④일천 천

02 食( ) ①수건 건 ②넉 사 ③푸를 청 ④먹을 식

03 末( ) ①아우 제 ②수풀 림 ③끝 말 ④세상 세

04 夫( ) ①아비 부 ②지아비 부 ③근본 본 ④형 형

05 生( ) ①날 생 ②동녘 동 ③가운데 중 ④성씨 성

06 位( ) ①설 립 ②오른 우 ③자리 위 ④해 년

07 士( ) ①이름 명 ②여덟 팔 ③여섯 육 ④선비 사

08 寸( ) ①들 입 ②글월 문 ③하늘 천 ④마디 촌

09 主( ) ①수풀 림 ②물 수 ③주인 주 ④양 양

10 北( ) ①나무 목 ②북녘 북 ③바를 정 ④구슬 옥

※ 훈음에 맞는 한자를 고르시오.

11 해 년( ) ①衣 ②八 ③白 ④年

12 한가지 동( ) ①下 ②足 ③同 ④弟

13 세상 세( ) ①魚 ②西 ③世 ④入

14 수레 거( ) ①車 ②夕 ③先 ④手

15 스스로 자( ) ①名 ②目 ③子 ④自

16 쉴 휴( ) ①人 ②天 ③力 ④休

17 모 방( ) ①向 ②方 ③石 ④寸

18 글자 자( ) ①犬 ②立 ③字 ④地

19 수건 건( ) ①巾 ②耳 ③己 ④門

20 근본 본( ) ①木 ②本 ③北 ④千

※ 물음에 알맞은 답을 고르시오.

21 "개의 옆 모양"을 본떠 만든 한자는? ( )
　　①右　②羊　③犬　④己

22)休日에 집에서 실제 시험처럼 시간을 재서 수학 문제를 푸는데 시간이 23)不足했다.

22 윗글의 밑줄 친 '休日'의 뜻으로 바른 것은? ( )
　　①휴일　②목일　③오늘　④휴월

23 윗글의 밑줄 친 '不足'을 바르게 읽은 것은? ( )

① 부정　② 부지　③ 부동　④ 부족

24 밑줄 친 부분에 해당하는 한자로 바르지 않은 것은? ( )

① 그 옷은 너한테 잘 어울린다 : 衣
② 집에 돌아오면 꼭 손을 씻어야 한다 : 手
③ 밖에 서 있지 말고 안으로 들어오세요 : 内
④ 동생은 나보다 키가 작다 : 少

25 한자의 총획이 바르지 않은 것은? ( )

① 地 - 총6획　② 主 - 총5획
③ 男 - 총6획　④ 玉 - 총5획

26 '央'의 유의자는? ( )

① 右　② 中　③ 外　④ 天

※ 어휘의 독음이 바른 것을 고르시오.

27 大門 (　) ① 대문 ② 목문 ③ 문대 ④ 입문

28 名山 (　) ① 석산 ② 유명 ③ 명산 ④ 선산

29 不正 (　) ① 부정 ② 불평 ③ 불출 ④ 불립

30 牛馬 (　) ① 소마 ② 우마 ③ 우말 ④ 오마

31 少女 (　) ① 수녀 ② 소인 ③ 소년 ④ 소녀

※ 어휘의 뜻으로 알맞은 것을 고르시오.

32 白月　( )

① 빛깔이 하얀 옥
② 밝고 흰 달
③ 백 번째 보름달
④ 꽃 위에 비치는 달빛

33 古木　( )

① 오래된 풀
② 키가 큰 나무
③ 과일이 열리는 나무
④ 오래 묵은 나무

34 千金　( )

① 많은 돈이나 비싼 값
② 이곳 저곳에 있는 산
③ 여러가지 방법
④ 맛이 좋은 음식

※ 낱말을 한자로 바르게 쓴 것을 고르시오.

35 목공 : 나무를 재료로 여러가지 물건을 만드는 일 ( )

① 上木　② 土木　③ 木工　④ 木馬

36 성명 : 성과 이름 ( )

① 生石　② 姓夕　③ 生名　④ 姓名

37 문자 : 말의 음과 뜻을 볼 수 있도록 나타낸 기호 ( )

① 方字　② 文子　③ 門字　④ 文字

38 대어 : 큰 물고기 ( )

① 大魚　② 大犬　③ 木魚　④ 大川

☞ 다음 면에 계속

※ 밑줄 친 어휘의 알맞은 독음을 고르시오.

39 내 생각은 친구 생각과 거의 <u>同一</u>하다. (　)
　① 동의　② 동심　③ 동일　④ 대동

40 오랜만에 만난 <u>母子</u>는 밤새 이야기를 나누었다.
　　　　　　　　　　　　　　　　　　(　)
　① 부자　② 모자　③ 모녀　④ 부모

41 모처럼 모인 <u>食口</u>들로 집 안이 떠들썩하다.
　　　　　　　　　　　　　　　　　　(　)
　① 호식　② 식구　③ 식주　④ 식사

42 나는 지금 <u>手中</u>에 돈이 없다.　　(　)
　① 수내　② 지중　③ 수중　④ 손중

43 견우와 직녀는 <u>七夕</u>이 되어야만 만날 수 있다.
　　　　　　　　　　　　　　　　　　(　)
　① 칠석　② 팔월　③ 칠월　④ 칠일

44 그 아이는 <u>自立</u>심이 강하다.　　(　)
　① 자기　② 자백　③ 자력　④ 자립

※ 물음에 알맞은 답을 고르시오.

47 "□少年, □山, □天"에서 □안에 공통으로 들어갈 한자로 바른 것은?　(　)
　① 土　② 靑　③ 江　④ 林

48 '火食'의 반의어는?　　　　　　(　)
　① 夕食　② 外食　③ 玉食　④ 生食

49 "十中八九"의 속뜻으로 옳은 것은?　(　)
　① 보는 사람과 손가락질하는 사람이 많음
　② 열 해 동안 쌓은 공
　③ 거의 예외 없이 그러할 것임
　④ 열 개가 더 많음

50 학교에서의 행동으로 바르지 <u>않은</u> 것은?(　)
　① 친구의 작은 실수도 선생님께 일러바친다.
　② 친구들과는 사이좋게 지낸다.
　③ 수업시간에는 바른 자세로 앉는다.
　④ 선생님을 만나면 항상 예의 바르게 인사한다.

※ 밑줄 친 부분을 한자로 바르게 쓴 것을 고르시오.

45)<u>세상</u>에는 많은 46)<u>남녀</u>들이 살고 있다.

45 세상　　　　　　　　　　　　(　)
　① 世天　② 世上　③ 上世　④ 三上

46 남녀　　　　　　　　　　　　(　)
　① 南女　② 女子　③ 男女　④ 父女

준5급 제02회 대한민국한자급수자격검정시험예상문제 [가형]

수험번호: _____ | 성명: _____

■ 다음 물음에 맞는 답의 번호를 골라 답안지의 해당 답란에 표시하시오.

※ 한자의 훈음으로 바른 것을 고르시오.

01 少 ( )   ①적을 소   ②강 강
           ③구슬 옥   ④수건 건

02 姓 ( )   ①가운데 앙   ②일곱 칠
           ③성씨 성   ④먹을 식

03 右 ( )   ①큰 대   ②오른 우
           ③돌 석   ④임금 왕

04 寸 ( )   ①불 화   ②먼저 선
           ③힘 력   ④마디 촌

05 立 ( )   ①귀 이   ②자리 위
           ③설 립   ④옷 의

06 目 ( )   ①일백 백   ②눈 목
           ③수풀 림   ④스스로 자

07 夕 ( )   ①달 월   ②안 내
           ③흰 백   ④저녁 석

08 工 ( )   ①강 강   ②발 족
           ③장인 공 ④힘 력

09 不 ( )   ①소 우   ②아래 하
           ③아니 불 ④일천 천

10 古 ( )   ①예 고   ②입 구
           ③이제 금 ④마음 심

※ 훈음에 맞는 한자를 고르시오.

11 아우 제( ) ①日 ②弟 ③木 ④兄
12 글월 문( ) ①山 ②羊 ③十 ④文
13 향할 향( ) ①方 ②名 ③向 ④己
14 동녘 동( ) ①世 ②土 ③出 ④東
15 개 견( )   ①犬 ②八 ③男 ④耳
16 끝 말( )   ①力 ②末 ③地 ④字
17 한가지 동( ) ①足 ②金 ③人 ④同
18 아홉 구( ) ①九 ②玉 ③央 ④靑
19 수레 거( ) ①入 ②士 ③車 ④休
20 바를 정( ) ①主 ②末 ③正 ④馬

※ 물음에 알맞은 답을 고르시오.

21 "상투를 튼 어엿한 어른, 즉 장가를 든 남자"라 하여 '지아비'를 뜻하는 한자는? ( )
   ①女   ②夫   ③年   ④工

22)今日은 징검다리 23)休日의 첫날이다.

22 윗글에서 밑줄 친 '今日'을 바르게 읽은 것은? ( )
   ①금월   ②일월   ③금일   ④요일

☞ 다음 면에 계속

23 위의 밑줄 친 "休日"에서 '休'의 뜻과 음으로 바른 것은? ( )
① 사람 인 ② 나무 목
③ 몸 휴 ④ 쉴 휴

24 밑줄 친 부분에 해당하는 한자로 바르지 않은 것은? ( )
① 그는 아버지를 훌륭하다고 생각하였다 : 父
② 각자의 일은 스스로 책임져야 한다 : 心
③ 물을 두 잔이나 들이켰다 : 水
④ 세종은 조선 4대 임금이다 : 王

25 한자의 총획이 바르지 않은 것은? ( )
① 耳 – 총6획 ② 千 – 총3획
③ 食 – 총9획 ④ 先 – 총5획

26 '玉'의 반의자는? ( )
① 生 ② 地 ③ 石 ④ 中

※ 어휘의 독음이 바른 것을 고르시오.

27 月內 ( ) ① 일월 ② 월내 ③ 일내 ④ 월말
28 手工 ( ) ① 수공 ② 손공 ③ 수족 ④ 손중
29 世上 ( ) ① 상하 ② 상세 ③ 세기 ④ 세상
30 名山 ( ) ① 명수 ② 석산 ③ 명산 ④ 명수
31 火力 ( ) ① 화산 ② 화력 ③ 수력 ④ 자력

※ 어휘의 뜻으로 알맞은 것을 고르시오.

32 食口 ( )
① 들어가는 통로
② 세상 사람들의 입
③ 배부르게 먹음
④ 한 집에서 함께 살면서 끼니를 같이하는 사람

33 先山 ( )
① 산에 오름
② 조상의 무덤이 있는 곳
③ 풀과 나무가 무성한 푸른 산
④ 태어나면서부터 몸에 지니고 있는 것

34 木手 ( )
① 손으로 직접 베껴 씀
② 나무를 심음
③ 나무를 다루는 일로 업을 삼는 사람
④ 노래 부르는 것이 직업인 사람

※ 낱말을 한자로 바르게 쓴 것을 고르시오.

35 문생 : 문하에서 배우는 제자 ( )
① 門生 ② 文中 ③ 門中 ④ 名門

36 내외 : 안과 밖 ( )
① 內外 ② 外出 ③ 內地 ④ 世外

37 북어 : 마른 명태, 건명태 ( )
① 白魚 ② 靑魚 ③ 文魚 ④ 北魚

38 심지 : 마음의 본바탕 ( )
① 地位 ② 土地 ③ 心地 ④ 心天

※ 밑줄 친 어휘의 알맞은 독음을 고르시오.

39 그는 休日 아침마다 늦잠을 잔다. (　)
　① 공휴　② 휴일　③ 휴식　④ 휴가

40 그는 本名을 숨기고 가명을 썼다. (　)
　① 유명　② 명수　③ 본인　④ 본명

41 종소리가 四方으로 울려 퍼졌다. (　)
　① 사모　② 방향　③ 사방　④ 사통

42 풀밭에 牛羊들이 한가로이 쉬고 있었다. (　)
　① 오견　② 우양　③ 소양　④ 우마

43 그는 국회 의원 선거에 出馬를 결심했다. (　)
　① 출세　② 출마　③ 출입　④ 출구

44 진학 문제를 놓고 父母님과 상의했다. (　)
　① 부부　② 모녀　③ 모자　④ 부모

※ 밑줄 친 부분을 한자로 바르게 쓴 것을 고르시오.

백화점에서 45)하의를 고르는데 46)여자 옷은 절반가로 세일 중이었다.

45 하의 (　)
　① 上衣　② 上巾　③ 下衣　④ 內衣

46 여자 (　)
　① 男自　② 子女　③ 母女　④ 女子

※ 물음에 알맞은 답을 고르시오.

47 "□食, □車, □力"에서 □안에 공통으로 들어갈 한자로 바른 것은? (　)
　① 大　② 月　③ 火　④ 山

48 '年上'의 반의어는? (　)
　① 天上　② 地下　③ 上下　④ 年下

49 "青天白日"의 속뜻으로 옳은 것은? (　)
　① 좋은 옷과 맛있는 음식
　② 하늘이 맑게 갠 대낮
　③ 모든 방면
　④ 열 여섯 살 전후의 젊은이

50 평소 생활하는 태도로 가장 바른 것은? (　)
　① 남들 앞에서만 부모님께 존댓말을 쓴다.
　② 혼자서 할 수 있는 일은 스스로 하려고 노력한다.
　③ 외출할 때는 누구에게도 알리지 않는다.
　④ 방문을 세게 닫는다.

준5급 제03회 대한민국한자급수자격검정시험예상문제 [가형]

수험번호:　　　　　　　　성명:

■ 다음 물음에 맞는 답의 번호를 골라 답안지의 해당 답란에 표시하시오.

※ 한자의 훈음으로 바른 것을 고르시오.

01 同 (　) ①임금 왕 ②구슬 옥 ③눈 목 ④한가지 동

02 林 (　) ①아니 불 ②수풀 림 ③나무 목 ④마음 심

03 字 (　) ①글자 자 ②주인 주 ③근본 본 ④아들 자

04 工 (　) ①바깥 외 ②향할 향 ③선비 사 ④장인 공

05 牛 (　) ①여자 녀 ②물 수 ③안 내 ④소 우

06 巾 (　) ①먼저 선 ②예 고 ③수건 건 ④설 립

07 金 (　) ①아홉 구 ②아버지 부 ③쇠 금 ④사람 인

08 世 (　) ①여덟 팔 ②위 상 ③끝 말 ④세상 세

09 夕 (　) ①돌 석 ②스스로 자 ③저녁 석 ④가운데 중

10 車 (　) ①적을 소 ②수레 거 ③귀 이 ④마디 촌

※ 훈음에 맞는 한자를 고르시오.

11 가운데 앙 (　) ①心 ②地 ③手 ④央

12 바를 정 (　) ①六 ②大 ③王 ④正

13 발 족 (　) ①立 ②足 ③方 ④食

14 넉 사 (　) ①四 ②北 ③西 ④自

15 성씨 성 (　) ①姓 ②羊 ③馬 ④入

16 하늘 천 (　) ①力 ②休 ③天 ④字

17 맏 형 (　) ①兄 ②南 ③名 ④今

18 왼 좌 (　) ①少 ②千 ③古 ④左

19 옷 의 (　) ①百 ②衣 ③犬 ④位

20 선비 사 (　) ①川 ②出 ③江 ④士

※ 물음에 알맞은 답을 고르시오.

21 "나무의 뿌리"를 뜻하는 한자는? (　)
①末　②寸　③本　④休

한강 22)水位의 상승으로 23)江南 일부 지역의 침수 우려가 고조되고 있다.

22 윗글에서 밑줄 친 '水位'를 바르게 읽은 것은? (　)
①수립　②목위　③지위　④수위

23 위의 밑줄 친 '江南'에서 '江'의 뜻과 음으로 바른 것은? ( )
① 마음 심 ② 강 강
③ 내 천 ④ 물 수

24 밑줄 친 부분에 해당하는 한자로 바르지 않은 것은? ( )
① 어머니는 아들을 꼭 껴안았다 : 子
② 수족관에는 물고기들이 헤엄치고 있다 : 魚
③ 내 동생은 인사를 잘한다 : 夫
④ 집에 오면 먼저 손과 발을 씻어야 한다 : 先

25 한자의 총획이 바르지 않은 것은? ( )
① 自 – 총6획 ② 羊 – 총5획
③ 心 – 총4획 ④ 生 – 총5획

26 '地'의 유의자는? ( )
① 火 ② 日 ③ 門 ④ 土

※ 어휘의 독음이 바른 것을 고르시오.

27 出力 ( ) ① 일력 ② 출생 ③ 출력 ④ 출입

28 主人 ( ) ① 주입 ② 주인 ③ 위인 ④ 소인

29 自立 ( ) ① 자생 ② 자유 ③ 자립 ④ 자신

30 耳目 ( ) ① 귀목 ② 이목 ③ 이명 ④ 이립

31 玉石 ( ) ① 옥수 ② 좌우 ③ 왕석 ④ 옥석

※ 어휘의 뜻으로 알맞은 것을 고르시오.

32 下向 ( )
① 가르침을 받는 스승의 아래
② 아래로 향함
③ 하늘 아래 온 세상
④ 방향이 없음

33 中年 ( )
① 산에 오름
② 조상의 무덤이 있는 곳
③ 풀과 나무가 무성한 푸른 산
④ 마흔 살 안팎의 나이

34 外食 ( )
① 간단한 음식을 파는 집
② 자기 집 아닌 밖에서 식사함
③ 쌀을 주식으로 함
④ 끼니와 끼니 사이에 음식을 먹음

※ 낱말을 한자로 바르게 쓴 것을 고르시오.

35 백방 : 여러 가지 방법. 여러 방면 ( )
① 百年 ② 白日 ③ 百方 ④ 白衣

36 부족 : 모자람. 넉넉하지 못함 ( )
① 不文 ② 不正 ③ 不同 ④ 不足

37 입문 : 학문에 처음으로 들어감 ( )
① 入門 ② 立文 ③ 人文 ④ 出入

38 청산 : 풀, 나무가 무성한 푸른 산 ( )
① 靑天 ② 下山 ③ 江山 ④ 靑山

☞ 다음 면에 계속

※ 밑줄 친 어휘의 알맞은 독음을 고르시오.

39 <u>年金</u> 제도는 노후 복지를 위한 것이다. ( )
　① 년김　② 금일　③ 연휴　④ 연금

40 영화관 <u>入口</u>에서 만나기로 했다. ( )
　① 출입　② 입구　③ 출구　④ 팔구

41 자신의 잘못을 <u>自白</u>하고 용서를 구했다.( )
　① 백배　② 자신　③ 자백　④ 자립

42 <u>玉文</u>은 남의 글을 높여 이르는 말이다. ( )
　① 어문　② 여왕　③ 왕문　④ 옥문

43 <u>今方</u> 비가 올 것처럼 하늘이 어둡다. ( )
　① 금일　② 지금　③ 금방　④ 방금

44 이 도자기는 <u>名人</u>이 제작한 것이다. ( )
　① 유명　② 명가　③ 명인　④ 명문

※ 밑줄 친 부분을 한자로 바르게 쓴 것을 고르시오.

45)<u>산남</u>에 위치한 우리집은 46)<u>사방</u>이 확 트여 전망이 매우 좋다.

45 산남 ( )
　① 南山　② 山内　③ 山北　④ 山南

46 사방 ( )
　① 四九　② 四方　③ 西方　④ 方位

※ 물음에 알맞은 답을 고르시오.

47 동물을 나타내는 한자가 <u>아닌</u> 것은? ( )
　① 犬　② 羊　③ 目　④ 馬

48 '內力'의 반의어(상대 또는 반대되는 뜻의 어휘)는? ( )
　① 內外　② 外力　③ 出力　④ 入外

49 "東西古今"의 뜻이 문장에서 가장 알맞게 쓰인 것은? ( )
　① 친구들과 東西古今에서 놀았다.
　② 우리가 사는 이곳은 東西古今이다.
　③ 그의 해박한 지식은 東西古今을 넘나든다.
　④ 그는 평생 가난을 모르고 東西古今하며 지냈다.

50 웃어른을 대하는 태도로 바른 것은? ( )
　① 길을 물으시면 손가락질을 한다.
　② 고개를 바르고 정중하게 숙여 인사를 한다.
　③ 인사를 할 때 고개를 옆으로 돌리고 인사를 한다.
　④ 도움을 청하면 거절한다.

♣ 수고하셨습니다.

준5급 제04회 대한민국한자급수자격검정시험예상문제 [가형]

수험번호: _____ | 성명: _____

■ 다음 물음에 맞는 답의 번호를 골라 답안지의 해당 답란에 표시하시오.

※ 한자의 훈음으로 바른 것을 고르시오.

01 立( )　　①설 립　②말 마　③넉 사　④적을 소

02 食( )　　①일백 백　②선비 사　③어머니 모　④먹을 식

03 文( )　　①이름 명　②들 입　③옷 의　④글월 문

04 寸( )　　①날 생　②예 고　③마디 촌　④임금 왕

05 靑( )　　①아래 하　②석 삼　③땅 지　④푸를 청

06 夫( )　　①돌 석　②지아비 부　③근본 본　④힘 력

07 世( )　　①개 견　②세상 세　③날 일　④끝 말

08 門( )　　①아니 불　②바를 정　③문 문　④가운데 중

09 先( )　　①먼저 선　②성씨 성　③먹을 식　④강 강

10 東( )　　①주인 주　②수레 거　③사내 남　④동녘 동

※ 훈음에 맞는 한자를 고르시오.

11 옷　　의( )　①衣　②士　③耳　④位

12 물고기 어( )　①馬　②魚　③父　④月

13 이름　명( )　①姓　②石　③右　④名

14 가운데 앙( )　①日　②己　③中　④央

15 불　　화( )　①心　②本　③火　④寸

16 일백　백( )　①王　②百　③林　④年

17 어머니 모( )　①九　②食　③兄　④母

18 사내　남( )　①男　②工　③手　④字

19 위　　상( )　①西　②正　③上　④同

20 땅　　지( )　①巾　②地　③足　④先

※ 물음에 알맞은 답을 고르시오.

21 "하늘과 땅과 사람을 두루 꿰뚫어 다스리는 모양"으로 '임금'이라는 뜻을 나타내는 한자는?
( )
①木　②王　③天　④人

이번 겨울방학에 22)三寸은 중국어를, 나는 프랑스어를 23)工夫하기로 결심하였다.

22 윗글에서 밑줄 친 '三寸'을 바르게 읽은 것은?
( )
①사춘　②삼촌　③삼수　④사수

☞ 다음 면에 계속

23 윗글에서 밑줄 친 '工夫'의 뜻으로 바른 것은?
( )
① 학문이나 기술을 배우고 익힘
② 토목이나 건축 따위의 일
③ 어느 쪽으로도 치우치지 않고 고름
④ 품삯을 받고 육체노동을 하는 사람

24 밑줄 친 부분에 해당하는 한자로 바르지 않은 것은? ( )
① 왼쪽으로 가면 공원이 나온다 : 左
② 오늘 저녁 달이 밝고 환하다 : 日
③ 하던 일을 쉬고 과일을 먹었다 : 休
④ 각자의 일은 스스로 책임져야 한다 : 自

25 한자의 총획이 바르지 않은 것은? ( )
① 向 – 총6획   ② 士 – 총3획
③ 牛 – 총4획   ④ 姓 – 총9획

26 '同'의 유의자는? ( )
① 天   ② 玉   ③ 一   ④ 少

※ 어휘의 독음이 바른 것을 고르시오.

27 本土 ( ) ① 목사 ② 본토 ③ 본사 ④ 목수

28 年末 ( ) ① 연일 ② 월말 ③ 년휴 ④ 연말

29 中心 ( ) ① 안심 ② 자신 ③ 중앙 ④ 중심

30 兄弟 ( ) ① 제부 ② 제자 ③ 형제 ④ 형부

31 犬馬 ( ) ① 견마 ② 천마 ③ 견말 ④ 대마

※ 어휘의 뜻으로 알맞은 것을 고르시오.

32 生日 ( )
① 아우나 손 아래 누이
② 세상에 태어나서 죽을 때까지의 동안
③ 태어난 날. 해마다 그 달의 그날
④ 학생을 가르치는 사람

33 石手 ( )
① 돌이나 바위가 많은 산
② 돌을 다루어 물건을 만드는 사람
③ 나무를 다루는 일로 업을 삼는 사람
④ 손으로 하는 비교적 간단한 공예

34 入金 ( )
① 나가는 통로
② 들어오는 돈과 나가는 돈
③ 돈을 들여놓거나 넣어 줌
④ 돈을 모아 둠

※ 낱말을 한자로 바르게 쓴 것을 고르시오.

35 주인 : 대상이나 물건 따위를 소유한 사람 ( )
① 主人   ② 玉人   ③ 人王   ④ 天主

36 외이 : 바깥귀. 귀의 바깥쪽 부분 ( )
① 外二   ② 外耳   ③ 內外   ④ 耳目

37 소녀 : 아직 완전히 성숙하지 아니한 어린 여자 아이 ( )
① 小人   ② 小女   ③ 少年   ④ 少女

38 사방 : 네 방위. 여러 곳 ( )
① 西方   ② 方向   ③ 四方   ④ 西向

※ 밑줄 친 어휘의 알맞은 독음을 고르시오.

39 그녀는 <u>二男</u> 일녀 중 첫째이다. ( )
① 장남 ② 삼남 ③ 이남 ④ 이촌

40 오늘 점심 메뉴는 <u>北魚</u>국이다. ( )
① 장어 ② 복어 ③ 문어 ④ 북어

41 새해 아침의 <u>日出</u> 광경은 정말 볼만하다. ( )
① 일신 ② 일출 ③ 일월 ④ 일몰

42 앞집 <u>父子</u>는 주말마다 함께 등산을 한다. ( )
① 모자 ② 부자 ③ 부녀 ④ 모녀

43 신석기 시대에는 <u>靑石</u>을(를) 가지고 돌도끼를 만들기도 했다. ( )
① 청석 ② 천석 ③ 석재 ④ 옥석

44 이 박물관에는 <u>千古</u>에 빛날 예술품들이 소장되어 있다. ( )
① 유명 ② 중고 ③ 천고 ④ 태고

※ 밑줄 친 부분을 한자로 바르게 쓴 것을 고르시오.

쌀은 45)<u>고금</u>을 통하여 변하지 않는 우리의 46)<u>주식</u>이 되고 있다.

45 고금 ( )
① 人今 ② 古今 ③ 天今 ④ 人古

46 주식 ( )
① 生食 ② 主立 ③ 主食 ④ 正食

※ 물음에 알맞은 답을 고르시오.

47 '下位'의 반의어(상대 또는 반대되는 뜻의 어휘)는? ( )
① 上下 ② 下衣 ③ 中位 ④ 上位

48 우리 몸의 일부를 나타내는 한자가 <u>아닌</u> 것은? ( )
① 巾 ② 口 ③ 足 ④ 手

49 "正心工夫"의 뜻이 문장에서 가장 알맞게 쓰인 것은? ( )
① 한자를 배울 때는 正心工夫를 해야 한다.
② 책을 건성으로 보는 것을 正心工夫라 한다.
③ 경치가 좋고 이름난 산천을 正心工夫라 한다.
④ 正心工夫에 갑자기 소나기가 내리기 시작했다.

50 버스를 기다리고 있을 때의 바른 자세는? ( )
① 줄을 서지 않고 새치기를 한다.
② 큰 소리로 노래 부르며 기다린다.
③ 차도로 나가거나 손을 흔들지 않는다.
④ 친구들과 장난치며 서 있다.

♣ 수고하셨습니다.

제05회 대한민국한자급수자격검정시험예상문제 [가형]

준5급

수험번호: _____ | 성명: _____

■ 다음 물음에 맞는 답의 번호를 골라 답안지의 해당 답란에 표시하시오.

※ 한자의 훈음으로 바른 것을 고르시오.

01 車( ) ①말 마   ②수레 거
         ③동녘 동   ④마디 촌

02 力( ) ①아홉 구 ②힘 력
         ③물 수   ④모 방

03 王( ) ①돌 석   ②왼 좌
         ③임금 왕   ④쇠 금

04 主( ) ①날 생   ②글월 문
         ③세상 세   ④주인 주

05 末( ) ①스스로 자 ②끝 말
         ③어머니 모 ④양 양

06 休( ) ①쉴 휴   ②나무 목
         ③흰 백   ④가운데 앙

07 耳( ) ①향할 향 ②힘 력
         ③귀 이   ④이름 명

08 林( ) ①북녘 북 ②장인 공
         ③먹을 식 ④수풀 림

09 今( ) ①개 견   ②이제 금
         ③모 방   ④적을 소

10 不( ) ①지아비 부 ②성씨 성
         ③손 수   ④아니 불

※ 훈음에 맞는 한자를 고르시오.

11 양 양( ) ①手 ②牛 ③羊 ④中
12 안 내( ) ①右 ②立 ③出 ④內
13 수건 건( ) ①魚 ②目 ③四 ④巾
14 모 방( ) ①弟 ②方 ③世 ④寸
15 하늘 천( ) ①天 ②古 ③年 ④青
16 이름 명( ) ①大 ②先 ③姓 ④名
17 구슬 옥( ) ①力 ②馬 ③玉 ④向
18 아버지 부( ) ①士 ②父 ③夫 ④末
19 아우 제( ) ①弟 ②己 ③兄 ④自
20 바깥 외( ) ①外 ②十 ③百 ④同

※ 물음에 알맞은 답을 고르시오.

21 "여자가 자식을 낳아 한 조상에서 태어난 사람을 다른 사람과 구별하기 위해 쓴 것"으로 '성씨'를 뜻하는 한자는? ( )
   ①母 ②姓 ③女 ④生

누나는 요즈음 운동량이 22)부족하여 23)小食하며 식단 조절을 한다.

22 윗글에서 밑줄 친 '부족'을 한자로 바르게 쓴 것은? ( )
   ①不立 ②夫足 ③不足 ④夫正

23 위의 밑줄 친 '小食'의 뜻으로 바른 것은?
( )
① 음식을 빨리 먹음
② 식사 사이에 음식을 먹음
③ 음식을 싱겁게 먹음
④ 음식을 적게 먹음

24 밑줄 친 부분에 해당하는 한자가 잘못 쓰인 것은? ( )
① 입 속에 군침이 돌다 : 口
② 나와 친구는 둘 다 수학을 좋아한다 : 三
③ 우리 아버지는 자상하다 : 父
④ 나는 요즘 몸과 마음이 모두 편하다 : 己

25 한자의 총획이 바르지 않은 것은? ( )
① 工 – 총3획   ② 犬 – 총4획
③ 出 – 총4획   ④ 南 – 총9획

26 '中'의 유의자는? ( )
① 央   ② 心   ③ 下   ④ 地

※ 어휘의 독음이 바른 것을 고르시오.

27 年上 ( ) ① 연하 ② 연월 ③ 연소 ④ 연상
28 六十 ( ) ① 오십 ② 칠십 ③ 팔십 ④ 육십
29 石山 ( ) ① 우산 ② 석산 ③ 석촌 ④ 우내
30 大木 ( ) ① 대목 ② 인목 ③ 대천 ④ 인대
31 牛足 ( ) ① 수족 ② 소족 ③ 우족 ④ 우수

※ 어휘의 뜻으로 알맞은 것을 고르시오.

32 名士 ( )
① 힘이 센 사람
② 돌을 다루어 물건을 만드는 사람
③ 세상에 널리 알려진 사람
④ 솜씨가 남보다 뛰어난 사람

33 水力 ( )
① 뛰어난 힘   ② 물의 힘
③ 산의 힘   ④ 바람의 힘

34 自己 ( )
① 자기 혼자의 힘   ② 스스로 움직임
③ 그 사람 자신   ④ 스스로 만족함

※ 낱말을 한자로 바르게 쓴 것을 고르시오.

35 출마 : 선거에 입후보 함 ( )
① 出馬 ② 出入 ③ 馬夫 ④ 外出

36 일향 : 언제나 한결같이 ( )
① 父子 ② 一方 ③ 一向 ④ 方向

37 인생 : 사람이 세상에서 살아가는 동안 ( )
① 人力 ② 日生 ③ 一生 ④ 人生

38 선금 : 먼저 돈을 치름 ( )
① 先手 ② 先金 ③ 先天 ④ 先入

☞ 다음 면에 계속

※ 밑줄 친 어휘의 알맞은 독음을 고르시오.

39 어머니는 시장에서 <u>靑魚</u>을(를) 사오셨다. ( )
　① 은어　② 목어　③ 청어　④ 연어

40 자신의 이름을 <u>正字</u>(으)로 써 보았다. ( )
　① 활자　② 한자　③ 문자　④ 정자

41 우리 집 <u>食口</u>는 제각각 입맛이 다르다. ( )
　① 인원　② 식사　③ 인구　④ 식구

42 한 <u>少女</u>가 발걸음도 가볍게 사뿐사뿐 걸었다. ( )
　① 수녀　② 소인　③ 소녀　④ 소년

43 <u>一金</u> 일만 원을 정확하게 받았다. ( )
　① 금액　② 일금　③ 금일　④ 일당

44 한복의 <u>上衣</u>을(를) 저고리라 한다. ( )
　① 의복　② 상의　③ 의상　④ 하의

※ 물음에 알맞은 답을 고르시오.

47 '木手'의 유의어는? ( )
　① 土木　② 石手　③ 大木　④ 先手

48 '門內'의 반의어(상대 또는 반대되는 뜻의 어휘)는? ( )
　① 文人　② 門外　③ 門人　④ 入門

49 "靑天白日"의 뜻으로 바른 것은? ( )
　① 이름난 산과 큰 내
　② 하늘이 맑게 갠 대낮
　③ 경치가 좋고 이름난 산천
　④ 마른 하늘에 날벼락

50 인사하는 태도로 바르지 않은 것은? ( )
　① 손과 발을 가지런히 모으고 인사를 한다.
　② 상황에 맞는 인사를 한다.
　③ 얼굴에 미소를 띠면서 인사를 한다.
　④ 인사를 할 때 대충 고개만 숙여 인사를 한다.

※ 밑줄 친 부분을 한자로 바르게 쓴 것을 고르시오.

45)<u>중동</u> 지역은 석유 생산의 46)<u>중심</u> 지역이다.

45 중동 ( )
　① 東西　② 中東　③ 中西　④ 東北

46 중심 ( )
　① 中天　② 中小　③ 中央　④ 中心

준5급 제06회 대한민국한자급수자격검정시험예상문제 [가형]

수험번호: _____ | 성명: _____

■ 다음 물음에 맞는 답의 번호를 골라 답안지의 해당 답란에 표시하시오.

※ 한자의 훈음으로 바른 것을 고르시오.

01 工 (   ) ① 이름 명 ② 설 립 ③ 장인 공 ④ 날 생

02 自 (   ) ① 바깥 외 ② 스스로 자 ③ 말 마 ④ 지아비 부

03 向 (   ) ① 임금 왕 ② 남녘 남 ③ 모 방 ④ 향할 향

04 千 (   ) ① 글자 자 ② 일천 천 ③ 구슬 옥 ④ 손 수

05 同 (   ) ① 왼 좌 ② 아우 제 ③ 한가지 동 ④ 먹을 식

06 入 (   ) ① 물고기 어 ② 바를 정 ③ 내 천 ④ 들 입

07 本 (   ) ① 근본 본 ② 왼 좌 ③ 아버지 부 ④ 힘 력

08 馬 (   ) ① 땅 지 ② 향할 향 ③ 말 마 ④ 가운데 앙

09 位 (   ) ① 자리 위 ② 적을 소 ③ 수건 건 ④ 이제 금

10 士 (   ) ① 흙 토 ② 푸를 청 ③ 수풀 림 ④ 선비 사

※ 훈음에 맞는 한자를 고르시오.

11 몸 기 (   ) ① 主 ② 地 ③ 自 ④ 己

12 이름 명 (   ) ① 名 ② 左 ③ 位 ④ 石

13 끝 말 (   ) ① 力 ② 末 ③ 金 ④ 本

14 가운데 앙 (   ) ① 中 ② 外 ③ 央 ④ 內

15 다섯 오 (   ) ① 少 ② 五 ③ 玉 ④ 下

16 남녘 남 (   ) ① 南 ② 土 ③ 寸 ④ 休

17 눈 목 (   ) ① 林 ② 木 ③ 目 ④ 車

18 글자 자 (   ) ① 羊 ② 不 ③ 衣 ④ 字

19 설 립 (   ) ① 世 ② 古 ③ 巾 ④ 立

20 오른 우 (   ) ① 川 ② 方 ③ 右 ④ 手

※ 물음에 알맞은 답을 고르시오.

21 "수레의 모양"을 본떠 만든 한자는? (   )
    ① 古   ② 車   ③ 靑   ④ 林

22) 강산은 변했지만 이 지역의 23) 人心은 그대로다.

22 윗글에서 밑줄 친 '강산'을 한자로 바르게 쓴 것은? (   )
    ① 江下   ② 江水   ③ 山川   ④ 江山

☞ 다음 면에 계속

23 위의 밑줄 친 '人心'을 바르게 읽은 것은?
 (　　)
  ① 인공　② 인생　③ 인심　④ 심리

24 밑줄 친 부분에 해당하는 한자로 바르지 않은 것은?
 (　　)
  ① 바구니에 사과가 다섯 개 있다 : 五
  ② 집 안으로 들어 갔다 : 外
  ③ 하늘은 더없이 푸르고 높았다 : 天
  ④ 이제부터 돈을 아껴 써야 한다 : 今

25 한자의 총획이 바르지 않은 것은?　(　　)
  ① 王 – 총4획　② 寸 – 총3획
  ③ 主 – 총5획　④ 地 – 총7획

26 '玉'의 반의자는?　(　　)
  ① 世　② 衣　③ 石　④ 力

※ 어휘의 독음이 바른 것을 고르시오.

27 七夕 (　　) ① 칠월 ② 조석 ③ 십칠 ④ 칠석

28 衣食 (　　) ① 주식 ② 의복 ③ 의식 ④ 식사

29 生手 (　　) ① 수생 ② 생수 ③ 수목 ④ 수위

30 靑天 (　　) ① 청산 ② 천생 ③ 청천 ④ 천하

31 日出 (　　) ① 출생 ② 월일 ③ 일출 ④ 일산

※ 어휘의 뜻으로 알맞은 것을 고르시오.

32 兄夫　(　　)
  ① 언니의 남편
  ② 형을 정중히 이르는 말
  ③ 의로 맺은 형
  ④ 남편과 아내를 아울러 이르는 말

33 不正　(　　)
  ① 넉넉하지 않음
  ② 바르지 않음
  ③ 가능하지 않음
  ④ 마음이 편하지 아니하고 조마조마함

34 士林　(　　)
  ① 대나무 숲
  ② 산 속에 은거하는 선비
  ③ 문인들의 사회
  ④ 유학을 신봉하는 무리

※ 낱말을 한자로 바르게 쓴 것을 고르시오.

35 견마 : 개와 말. 자신에 관한 것을 낮추어 이르는 말　(　　)
  ① 馬車　② 犬馬　③ 犬羊　④ 牛馬

36 백방 : 여러가지 방법, 여러 방면　(　　)
  ① 四方　② 方向　③ 百方　④ 白方

37 공부 : 학문과 기술을 닦는 일　(　　)
  ① 士夫　② 工夫　③ 弟夫　④ 工人

38 천어 : 냇물에 사는 물고기　(　　)
  ① 大川　② 白魚　③ 天魚　④ 川魚

※ 밑줄 친 어휘의 알맞은 독음을 고르시오.

39 지금 <u>南北</u> 정상 회담이 진행 중이다. （　）
　① 남북　② 서북　③ 동북　④ 남서

40 이 가게들은 <u>休日</u>에는 개점하지 않는다.
　　　　　　　　　　　　　　　　　　（　）
　① 휴가　② 휴일　③ 목일　④ 주일

41 깨끗이 몸을 씻고 <u>手巾</u>(으)로 닦았다. （　）
　① 두건　② 수공　③ 수건　④ 수족

42 우리나라는 자원은 부족하지만 <u>人力</u>은 풍부하다. （　）
　① 인력　② 수력　③ 화력　④ 인정

43 시간은 이미 <u>子正</u>을 넘어가 있었다. （　）
　① 자시　② 정오　③ 자정　④ 정시

44 백두산 천지는 <u>火山</u> 폭발로 생성된 화구호이다.
　　　　　　　　　　　　　　　　　　（　）
　① 화목　② 산천　③ 산림　④ 화산

※ 밑줄 친 부분을 한자로 바르게 쓴 것을 고르시오.

45)<u>선생</u>님께서 "46)<u>부모</u>님 말씀을 잘 들어야 한다"고 말씀하셨다.

45 선생　　　　　　　　　　　　（　）
　① 生先　② 先人　③ 先生　④ 小先

46 부모　　　　　　　　　　　　（　）
　① 母子　② 子女　③ 父子　④ 父母

※ 물음에 알맞은 답을 고르시오.

47 '방향'을 나타내는 한자로 바르지 <u>않은</u> 것은?
　　　　　　　　　　　　　　　　　　（　）
　① 東　② 北　③ 南　④ 門

48 '門人'의 유의어는?　　　　　　（　）
　① 文字　　　　② 門中
　③ 門下生　　　④ 名手

49 "靑天白日"의 뜻이 문장에서 가장 알맞게 쓰인 것은?　　　　　　　　　　　（　）
　① 靑天白日에 난데없이 소나기가 쏟아졌다.
　② 출생한 해와 달과 날은 靑天白日이다.
　③ 소문을 듣고 靑天白日에 사람들이 몰려들었다.
　④ 그의 말솜씨는 靑天白日같다.

50 학교에서의 행동으로 바르지 않은 것은?（　）
　① 복도에서 선생님을 만나면 예의 바르게 인사를 한다.
　② 친구의 잘못을 선생님께 고자질한다.
　③ 수업 시간에는 바른 자세로 앉는다.
　④ 선생님과의 약속을 잘 지키도록 한다.

♣ 수고하셨습니다.

제07회 대한민국한자급수자격검정시험예상문제 [가형]

준5급

수험번호:　　　　　　　　성명:

■ 다음 물음에 맞는 답의 번호를 골라 답안지의 해당 답란에 표시하시오.

※ 한자의 훈음으로 바른 것을 고르시오.

01 自( )　①아니 불　②개 견
　　　　　　③한가지 동　④스스로 자

02 休( )　①손 수　②마디 촌
　　　　　　③쉴 휴　④날 생

03 今( )　①지아비 부　②이제 금
　　　　　　③모 방　④주인 주

04 少( )　①날 출　②적을 소
　　　　　　③가운데 중　④흙 토

05 立( )　①설 립　②자리 위
　　　　　　③북녘 북　④쇠 금

06 正( )　①바를 정　②돌 석
　　　　　　③향할 향　④세상 세

07 羊( )　①임금 왕　②선비 사
　　　　　　③양 양　④소 우

08 地( )　①해 년　②땅 지
　　　　　　③수풀 림　④들 입

09 本( )　①근본 본　②끝 말
　　　　　　③귀 이　④강 강

10 巾( )　①아우 제　②가운데 앙
　　　　　　③수건 건　④아니 불

※ 훈음에 맞는 한자를 고르시오.

11 저녁 석( )　①外　②先　③夕　④月
12 한가지 동( )　①兄　②同　③正　④姓
13 마디 촌( )　①夫　②方　③寸　④手
14 서녘 서( )　①北　②西　③四　④東
15 선비 사( )　①士　②食　③母　④主
16 흰 백( )　①日　②百　③白　④目
17 가운데 중( )　①石　②央　③右　④中
18 쇠 금( )　①今　②金　③東　④生
19 구슬 옥( )　①玉　②王　③足　④古
20 마음 심( )　①門　②正　③己　④心

※ 물음에 알맞은 답을 고르시오.

21 "상투를 튼 어엿한 장부, 즉 장가를 든 남자"라 하여 '지아비'를 뜻하는 한자는?　( )
　①母　②子　③兄　④夫

22) 日本의 대표적인 관광 자원은 23) 火山과 온천이라고 볼 수 있다.

22 윗글에서 밑줄 친 '日本'을 바르게 읽은 것은?　( )
　①미국　②일본　③중국　④일어

23 위의 밑줄 친 '火山'을 바르게 읽은 것은?　(　)

① 불산　② 수산　③ 화산　④ 강산

24 밑줄 친 부분에 해당하는 한자로 바르지 <u>않은</u> 것은?　(　)

① 나보다 남을 먼저 생각하다 : 先
② 주민들의 목소리에 귀 기울이다 : 耳
③ 나는 하루에 사과를 한 개씩 먹는다 : 食
④ 그 창문은 남쪽으로 향해 나 있다 : 東

25 한자의 총획이 바르지 <u>않은</u> 것은?　(　)

① 字 - 총7획　② 石 - 총5획
③ 姓 - 총8획　④ 方 - 총4획

26 '川'의 유의자는?　(　)

① 山　② 天　③ 江　④ 地

※ 어휘의 뜻으로 알맞은 것을 고르시오.

32 中古　(　)

① 옛 중국
② 아득한 옛날
③ 이미 사용하였거나 오래됨
④ 지금은 쓰이지 않는 옛 글자

33 左足　(　)

① 머리와 발을 아울러 이르는 말
② 왼쪽 손
③ 왼쪽 발
④ 손발과 같이 마음대로 부리는 사람

34 立地　(　)

① 마주 대하여 섬
② 어떤 지점에 자리를 잡음
③ 어느 쪽에도 치우치지 않고 공정함
④ 들이 적고 산이 많은 지대

※ 어휘의 독음이 바른 것을 고르시오.

27 千金(　)　① 천일 ② 만금 ③ 일금 ④ 천금

28 出入(　)　① 입출 ② 입구 ③ 출입 ④ 출구

29 六月(　)　① 오월 ② 육월 ③ 유월 ④ 일월

30 天心(　)　① 천심 ② 인심 ③ 명심 ④ 천지

31 北門(　)　① 입문 ② 남문 ③ 북문 ④ 대문

※ 낱말을 한자로 바르게 쓴 것을 고르시오.

35 일자 : 날짜　(　)

① 日子　② 一字　③ 日字　④ 日自

36 주력 : 주장 되는 힘　(　)

① 主人　② 水力　③ 主力　④ 地力

37 향방 : 향하는 곳　(　)

① 向方　② 方向　③ 向上　④ 正方

38 선산 : 조상의 무덤이 있는 곳　(　)

① 先山　② 山上　③ 山林　④ 名山

☞ 다음 면에 계속

※ 밑줄 친 어휘의 알맞은 독음을 고르시오.

39 나는 선생님 門下의 수제자이다. ( )
① 연하   ② 문하   ③ 문생   ④ 천하

40 낙랑 공주와 호동 王子의 이야기는 유명하다.
( )
① 여왕   ② 왕녀   ③ 왕자   ④ 부자

41 內衣은(는) 피부보호와 체온을 유지시켜 준다. ( )
① 심내   ② 내심   ③ 외의   ④ 내의

42 小羊들이 모여 풀을 뜯어 먹고 있다. ( )
① 백양   ② 마양   ③ 소양   ④ 우양

43 남편의 병간호에 心力을 다하였다. ( )
① 심력   ② 사력   ③ 심금   ④ 노력

44 산소 不足으로 물고기가 떼죽음을 당했다.
( )
① 부정   ② 부족   ③ 불안   ④ 불문

※ 물음에 알맞은 답을 고르시오.

47 '本人'의 유의어(비슷한 뜻의 어휘)는? ( )
① 主人   ② 木人   ③ 自己   ④ 文人

48 '生食'의 반의어(상대 또는 반대되는 뜻의 어휘)는? ( )
① 小食   ② 中食   ③ 火食   ④ 主食

49 "三日天下"의 뜻으로 바른 것은? ( )
① 출생한 해와 달과 날
② 동양과 서양, 옛날과 지금이란 뜻
③ 정권을 잡았다가 짧은 기간 내에 밀려남
④ 마음을 바로 가다듬어 배우고 익히는데 힘씀

50 평소의 행동으로 바르지 않은 것은? ( )
① 품행을 바르게 한다.
② 오늘 해야 할 일은 오늘 다 한다.
③ 출입을 할 때에는 반드시 부모님께 인사를 드린다.
④ 부모님으로부터 자립하지 않도록 노력한다.

※ 밑줄 친 부분을 한자로 바르게 쓴 것을 고르시오.

식당으로 들어가니 45)부모님을 모시고 온 46)식구들로 가득 차 있었다.

45 부모 ( )
① 弟夫   ② 父母   ③ 子女   ④ 父子

46 식구 ( )
① 衣食   ② 右食   ③ 食口   ④ 食九

준5급 제08회 대한민국한자급수자격검정시험예상문제 [가형]

수험번호: _____ | 성명: _____

■ 다음 물음에 맞는 답의 번호를 골라 답안지의 해당 답란에 표시하시오.

※ 한자의 훈음으로 바른 것을 고르시오.

01 古 ( )　①모 방　②예 고　③오른 우　④발 족

02 夫 ( )　①선비 사　②어미 모　③수풀 림　④지아비 부

03 央 ( )　①향할 향　②가운데 앙　③가운데 중　④글자 자

04 姓 ( )　①날 생　②여자 녀　③성씨 성　④사내 남

05 牛 ( )　①적을 소　②양 양　③말 마　④소 우

06 末 ( )　①쉴 휴　②구슬 옥　③끝 말　④설 립

07 向 ( )　①해 년　②세상 세　③바를 정　④향할 향

08 力 ( )　①메(뫼) 산　②힘 력　③석 삼　④물고기 어

09 士 ( )　①선비 사　②눈 목　③안 내　④스스로 자

10 靑 ( )　①설 립　②푸를 청　③먼저 선　④하늘 천

※ 훈음에 맞는 한자를 고르시오.

11 맏 형 ( )　①世 ②兄 ③川 ④足

12 쉴 휴 ( )　①休 ②生 ③本 ④方

13 구슬 옥 ( )　①玉 ②力 ③石 ④王

14 동녘 동 ( )　①南 ②西 ③北 ④東

15 해 년 ( )　①年 ②日 ③名 ④百

16 마디 촌 ( )　①心 ②寸 ③車 ④同

17 발 족 ( )　①口 ②目 ③足 ④手

18 안 내 ( )　①外 ②內 ③位 ④方

19 개 견 ( )　①巾 ②正 ③馬 ④犬

20 먹을 식 ( )　①今 ②金 ③衣 ④食

※ 물음에 알맞은 답을 고르시오.

21 "나무에 나무를 겹쳐 나무가 많은 수풀"을 뜻하는 한자는? ( )
　①夕　②文　③本　④林

그는 22)出世를 위하여 23)一生동안 부단히 노력하였다.

22 위의 밑줄 친 '出世'에서 '出'의 뜻과 음으로 바른 것은? ( )
　①나타낼 출　②날 출　③이룰 출　④시집갈 출

☞ 다음 면에 계속

23 위의 밑줄 친 '一生'의 뜻으로 바른 것은?　　(　　)

① 일분 일초
② 한 해
③ 매우 짧은 동안의 시간
④ 세상에 태어나서 죽을 때까지의 동안

24 밑줄 친 부분에 해당하는 한자로 바르지 않은 것은?　　(　　)

① 비가 온 후 강의 물이 불어났다 : 江
② 물건을 책상 가운데에 놓았다 : 中
③ 흰 옷이 너한테 잘 어울린다 : 位
④ 그들은 형 동생 하면서 지내는 사이이다 : 弟

25 한자의 총획이 바르지 않은 것은?　　(　　)

① 金 – 총8획　　② 百 – 총7획
③ 王 – 총4획　　④ 南 – 총9획

26 '土'의 반의자는?　　(　　)

① 天　② 地　③ 北　④ 字

※ 어휘의 독음이 바른 것을 고르시오.

27 不同 (　) ① 불가 ② 불입 ③ 부정 ④ 부동

28 手下 (　) ① 부하 ② 수하 ③ 목수 ④ 수족

29 石山 (　) ① 석문 ② 우산 ③ 좌우 ④ 석산

30 馬車 (　) ① 거마 ② 명차 ③ 마차 ④ 우마

31 七八 (　) ① 팔칠 ② 육칠 ③ 칠팔 ④ 구팔

※ 어휘의 뜻으로 알맞은 것을 고르시오.

32 耳目　　(　　)

① 귀의 바깥쪽 부분
② 사람이 보는 눈
③ 눈으로 직접 봄
④ 귀와 눈, 남들의 주의

33 人心　　(　　)

① 사물의 한 가운데
② 사람의 마음. 남의 딱한 처지를 헤아려주고 도와주는 마음
③ 일정한 지역 안에 사는 사람의 수효
④ 사람이 세상 살아가는 동안

34 正門　　(　　)

① 집으로 드나드는 문
② 가르침을 받는 스승의 아래
③ 건물의 정면에 있는 주가 되는 문
④ 성과 본이 같은 가까운 집안

※ 낱말을 한자로 바르게 쓴 것을 고르시오.

35 목공 : 나무를 재료로 여러가지 물건을 만드는 일　　(　　)

① 木工　② 土木　③ 木馬　④ 上木

36 남녀 : 남자와 여자　　(　　)

① 母女　② 南女　③ 男女　④ 男子

37 지명 : 땅 이름　　(　　)

① 地方　② 名手　③ 人名　④ 地名

38 중고 : 이미 사용하였거나 오래됨　　(　　)

① 中心　② 中古　③ 中小　④ 中天

※ 밑줄 친 어휘의 알맞은 독음을 고르시오.

39 서로 <u>同心</u>하여 어려운 경제를 살려야 한다. ( )
① 동생　② 일심　③ 동심　④ 대동

40 <u>七夕</u>날은 견우와 직녀가 만나는 날이다. ( )
① 필월　② 구팔　③ 팔일　④ 칠석

41 아버지와 딸을 <u>父女</u> 사이라고 한다. ( )
① 모녀　② 부녀　③ 부자　④ 모자

42 때에 맞는 말 한마디가 <u>千金</u>보다 귀하다. ( )
① 천년　② 일천　③ 천금　④ 백금

43 <u>大川</u> 바다도 건너 봐야 한다. ( )
① 부천　② 강천　③ 대삼　④ 대천

44 많은 <u>人夫</u>들이 무너진 담을 쌓고 있었다. ( )
① 인력　② 인사　③ 인부　④ 인명

※ 밑줄 친 부분을 한자로 바르게 쓴 것을 고르시오.

학교를 졸업하고 45)세상으로 나와 46)자립하기까지 부단한 노력이 필요하다.

45 세상 ( )
① 出世　② 世上　③ 一世　④ 三世

46 자립 ( )
① 自主　② 四方　③ 自立　④ 中立

※ 물음에 알맞은 답을 고르시오.

47 '出力'의 반의어(상대 또는 반대되는 뜻의 어휘)는? ( )
① 出口　② 入出　③ 入力　④ 出入

48 "□日, 方□, □方"은 '이제, 바로 이때 또는 오늘'을 이르는 말이다. □안에 공통으로 들어갈 알맞은 한자는? ( )
① 金　② 右　③ 今　④ 正

49 "十中八九"의 속뜻으로 옳은 것은? ( )
① 하나를 듣고 열 가지를 미루어 앎
② 열 해 동안 쌓은 공
③ 열 개가 더 많음
④ 거의 예외 없이 그러할 것임

50 인사하는 태도로 바르지 않은 것은? ( )
① 손과 발을 가지런히 모으고 인사를 한다.
② 인사를 할 때 고개를 옆으로 돌리고 인사를 한다.
③ 고개를 바르고 정중하게 숙여 인사를 한다.
④ 얼굴에 가득 미소를 띠면서 인사를 한다.

제09회 대한민국한자급수자격검정시험예상문제 [가형] 준5급

수험번호:　　　　　　　　성명:

■ 다음 물음에 맞는 답의 번호를 골라 답안지의 해당 답란에 표시하시오.

※ 한자의 훈음으로 바른 것을 고르시오.

01 自 ( )　①스스로 자　②성씨 성
　　　　　　③지아비 부　④임금 왕

02 百 ( )　①맏 형　②흰 백
　　　　　　③일백 백　④자리 위

03 門 ( )　①저녁 석　②끝 말
　　　　　　③수건 건　④문 문

04 衣 ( )　①가운데 앙　②옷 의
　　　　　　③마디 촌　④이름 명

05 今 ( )　①먹을 식　②이제 금
　　　　　　③쇠 금　④한가지 동

06 車 ( )　①어머니 모　②물고기 어
　　　　　　③선비 사　④수레 거

07 不 ( )　①바를 정　②아니 불
　　　　　　③세상 세　④나무 목

08 位 ( )　①들 입　②쉴 휴
　　　　　　③힘 력　④자리 위

09 主 ( )　①주인 주　②날 출
　　　　　　③수풀 림　④근본 본

10 千 ( )　①동녘 동　②안 내
　　　　　　③여덟 팔　④일천 천

※ 훈음에 맞는 한자를 고르시오.

11 몸　기( )　①力 ②衣 ③士 ④己

12 이름　명( )　①工 ②羊 ③名 ④足

13 한가지 동( )　①同 ②弟 ③食 ④地

14 설　립( )　①位 ②心 ③日 ④立

15 내　천( )　①古 ②川 ③向 ④六

16 오른　우( )　①右 ②自 ③世 ④主

17 말　마( )　①犬 ②先 ③馬 ④年

18 북녘　북( )　①北 ②車 ③末 ④少

19 아래　하( )　①姓 ②生 ③下 ④中

20 선비　사( )　①土 ②士 ③己 ④天

※ 물음에 알맞은 답을 고르시오.

21 "태양이 나무 사이에 걸쳐 있는 모양"으로 '동쪽'을 뜻하는 한자는? ( )
　①東　②休　③末　④西

22) 中年 신사는 강당에 모인 23) 少年을(를) 향해 연설하기 시작했다"

22 윗글에서 밑줄 친 '中年'을(를) 바르게 읽은 것은? ( )
　①초년　②중년　③말년　④매년

23 윗글에서 밑줄 친 '少年'을(를) 바르게 읽은 것은? ( )

① 소연　② 소년　③ 소자　④ 소녀

24 밑줄 친 부분에 해당하는 한자로 바르지 <u>않은</u> 것은? ( )

① 한글은 세계에서 가장 과학적인 <u>글자</u>이다 : 字

② <u>수풀</u>에 스치는 바람 소리가 정겹다 : 林

③ <u>눈</u>이 나빠 안경을 쓰게 되었다 : 目

④ 일곱에 둘을 더하면 <u>아홉</u>이 된다 : 八

25 한자의 총획이 바르지 <u>않은</u> 것은? ( )

① 向 – 총7획　② 耳 – 총6획
③ 犬 – 총4획　④ 工 – 총3획

26 '石'의 반의자는? ( )

① 大　② 弟　③ 玉　④ 力

※ 어휘의 독음이 바른 것을 고르시오.

27 一方 ( )　① 일향 ② 방향 ③ 일동 ④ 일방

28 山水 ( )　① 강수 ② 입수 ③ 산수 ④ 산천

29 兄夫 ( )　① 제자 ② 제부 ③ 형제 ④ 형부

30 古木 ( )　① 우목 ② 고목 ③ 이목 ④ 고물

31 火車 ( )　① 하차 ② 마차 ③ 인거 ④ 화차

※ 어휘의 뜻으로 알맞은 것을 고르시오.

32 子正　( )

① 낮 열두 시
② 올바른 마음
③ 자시의 한 가운데, 밤 12시
④ 공평하고 올바름

33 食口　( )

① 간단한 음식을 파는 집
② 한 집에서 함께 살면서 끼니를 같이하는 사람
③ 아침 밥
④ 배부르게 먹음

34 牛羊　( )

① 소와 말　② 양의 고기
③ 소와 양　④ 염소

※ 낱말을 한자로 바르게 쓴 것을 고르시오.

35 중년 : 마흔 안팎의 나이　( )

① 中年　② 中小　③ 青年　④ 少年

36 제자 : 학문 따위의 가르침을 받는 사람 ( )

① 母子　② 兄弟　③ 父子　④ 弟子

37 생수 : 샘에서 나오는 맑은 물　( )

① 生水　② 水力　③ 生手　④ 木手

38 입문 : 학문에 처음으로 들어감　( )

① 入口　② 門立　③ 入門　④ 入文

☞ 다음 면에 계속

※ 밑줄 친 어휘의 알맞은 독음을 고르시오.

39 이번 달에는 <u>年休</u>을(를) 사용했다. (　)
　① 연일　② 연휴　③ 휴가　④ 휴일

40 햅쌀로 <u>玉食</u>을 차렸다. (　)
　① 중식　② 왕식　③ 옥식　④ 옥의

41 <u>本文</u>의 내용을 잘 읽고 답해야 한다. (　)
　① 본사　② 본문　③ 본분　④ 본부

42 <u>青魚</u>은(는) 가을부터 봄까지 잡힌다. (　)
　① 청어　② 문어　③ 연어　④ 백어

43 친구와 박물관 <u>出口</u>에서 만나기로 했다. (　)
　① 출구　② 입구　③ 출입　④ 입출

44 종소리가 <u>四方</u>으로 울려 퍼졌다. (　)
　① 전방　② 일방　③ 팔방　④ 사방

※ 물음에 알맞은 답을 고르시오.

47 신체를 나타내는 한자가 <u>아닌</u> 것은? (　)
　① 目　② 心　③ 手　④ 方

48 '<u>內地</u>'의 반의어(상대 또는 반대되는 뜻의 어휘)는? (　)
　① 世外　② 內心　③ 外地　④ 內外

49 문장에서 성어의 쓰임이 바르지 <u>않은</u> 것은? (　)
　① 요즘 초등학생들은 <u>十中八九</u> 학원에 다닌다.
　② 옆 반 친구 철수와 나는 <u>同姓同本</u>이다.
　③ 동생과 사이좋게 <u>四方八方</u>하였다.
　④ <u>玉衣玉食</u>도 좋지만 건강이 제일이다.

50 웃어른을 대하는 태도로 바른 것은? (　)
　① 고개를 바르고 정중하게 숙여 인사를 한다.
　② 도움을 청하면 거절한다.
　③ 잘못을 꾸중하시면 똑바로 쳐다본다.
　④ 길을 물으시면 손가락질을 한다.

※ 밑줄 친 부분을 한자로 바르게 쓴 것을 고르시오.

백화점에서 45)<u>하의</u>를 고르는데 46)<u>남자</u> 옷은 절반가로 세일 중이었다.

45 하의 (　)
　① 白衣　② 內衣　③ 上衣　④ 下衣

46 남자 (　)
　① 三男　② 男子　③ 女子　④ 男女

♣ 수고하셨습니다.

준5급 제10회 대한민국한자급수자격검정시험예상문제 [가형]

수험번호: _____ | 성명: _____

■ 다음 물음에 맞는 답의 번호를 골라 답안지의 해당 답란에 표시하시오.

※ 한자의 훈음으로 바른 것을 고르시오.

01 寸 (　) ①글자 자 ②마디 촌 ③아래 하 ④아니 불

02 休 (　) ①자리 위 ②나무 목 ③끝 말 ④쉴 휴

03 玉 (　) ①임금 왕 ②저녁 석 ③마디 촌 ④구슬 옥

04 字 (　) ①글월 문 ②글자 자 ③날 출 ④힘 력

05 目 (　) ①설 립 ②일백 백 ③스스로 자 ④눈 목

06 夕 (　) ①땅 지 ②이제 금 ③저녁 석 ④세상 세

07 巾 (　) ①여자 녀 ②손 수 ③수건 건 ④아버지 부

08 央 (　) ①푸를 청 ②가운데 앙 ③돌 석 ④한가지 동

09 主 (　) ①주인 주 ②사내 남 ③귀 이 ④장인 공

10 門 (　) ①먹을 식 ②안 내 ③문 문 ④수풀 림

※ 훈음에 맞는 한자를 고르시오.

11 날 출 (　) ①生 ②出 ③寸 ④左

12 적을 소 (　) ①千 ②南 ③牛 ④少

13 설 립 (　) ①位 ②今 ③休 ④立

14 몸 기 (　) ①衣 ②己 ③玉 ④江

15 바깥 외 (　) ①外 ②内 ③上 ④向

16 쇠 금 (　) ①方 ②士 ③金 ④自

17 돌 석 (　) ①古 ②石 ③入 ④右

18 양 양 (　) ①靑 ②王 ③羊 ④馬

19 서녘 서 (　) ①西 ②年 ③央 ④足

20 하늘 천 (　) ①末 ②天 ③食 ④車

※ 물음에 알맞은 답을 고르시오.

21 "여자가 자식을 낳아 한 조상에서 태어난 사람을 다른 사람과 구별하기 위하여 쓴 것"으로 '성씨'를 뜻하는 한자는? (　)
①兄　②子　③姓　④母

22) 今日부터 시작된 장마로 23)강남 일부 지역의 침수 우려가 고조되고 있다.

22 윗글에서 밑줄 친 '今日'을(를) 바르게 읽은 것은? (　)
①방금　②지금　③금년　④금일

☞ 다음 면에 계속

23 위의 밑줄 친 '강남'을 한자로 바르게 쓴 것은? ( )
① 山川 ② 江山 ③ 江南 ④ 江北

24 밑줄 친 부분에 해당하는 한자로 바르지 <u>않은</u> 것은? ( )
① <u>오른쪽</u>으로 돌면 학교가 보인다 : 右
② 아버지는 <u>아들</u>을 꼭 껴 안았다 : 子
③ 복도 맨 <u>끝</u>에 화장실이 있다 : 末
④ 집에 오면 <u>손</u>과 발을 씻어야 한다 : 手

25 한자의 총획이 8획이 <u>아닌</u> 것은? ( )
① 金 ② 林 ③ 東 ④ 食

26 '同'의 유의자는? ( )
① 一 ② 本 ③ 名 ④ 力

※ 어휘의 뜻으로 알맞은 것을 고르시오.

32 外食 ( )
① 끼니와 끼니 사이에 음식을 먹음
② 쌀을 주식으로 함
③ 자기 집 아닌 밖에서 식사함
④ 간단한 음식을 파는 집

33 七夕 ( )
① 초이렛날
② 한 해의 일곱째 달
③ 견우와 직녀가 만나는 음력 7월 7일
④ 칠일 밤을 지새운 그 다음날 저녁

34 月末 ( )
① 그 달의 끝 무렵
② 한 주일의 끝
③ 일의 처음과 끝
④ 한 해의 마지막 무렵

※ 어휘의 독음이 바른 것을 고르시오.

27 耳目 ( ) ① 이립 ② 귀목 ③ 이목 ④ 이명
28 內心 ( ) ① 인내 ② 내심 ③ 내외 ④ 외심
29 古今 ( ) ① 고인 ② 지금 ③ 고금 ④ 금방
30 名犬 ( ) ① 석견 ② 명견 ③ 우목 ④ 목견
31 地位 ( ) ① 지평 ② 천지 ③ 지대 ④ 지위

※ 낱말을 한자로 바르게 쓴 것을 고르시오.

35 남향 : 남쪽으로 향함 ( )
① 東向 ② 北向 ③ 方向 ④ 南向

36 청천 : 푸른 하늘 ( )
① 青天 ② 青日 ③ 青山 ④ 青年

37 자생 : 저절로 생겨나는 일 ( )
① 自主 ② 自力 ③ 自生 ④ 自立

38 여심 : 여자의 마음 ( )
① 人心 ② 母心 ③ 中心 ④ 女心

※ 밑줄 친 어휘의 알맞은 독음을 고르시오.

39 이곳은 조상으로부터 <u>百世</u>이(가) 넘도록 살아온 마을이다. ( )
    ① 백일   ② 세상   ③ 백세   ④ 백년

40 오늘 중으로 이 자료들을 모두 <u>入力</u>해야 한다. ( )
    ① 내력   ② 출력   ③ 입력   ④ 입출

41 새해 아침의 <u>日出</u> 광경은 정말 가관스럽다. ( )
    ① 출일   ② 출물   ③ 일월   ④ 일출

42 이 도자기는 <u>名人</u>이 제작한 것이다. ( )
    ① 명문   ② 명인   ③ 명가   ④ 유명

43 <u>金九</u> 선생의 책을 읽었다. ( )
    ① 금칠   ② 김선   ③ 김구   ④ 금구

44 <u>不正</u>행위를 방지하기 위해 감독관을 더 배치하였다. ( )
    ① 정대   ② 부정   ③ 불입   ④ 불명

※ 물음에 알맞은 답을 고르시오.

47 '石工'의 유의어(비슷한 뜻의 어휘)는? ( )
    ① 木工   ② 石山   ③ 工人   ④ 石手

48 '兄夫'의 반의어(상대 또는 반대되는 뜻의 어휘)는? ( )
    ① 父兄   ② 弟子   ③ 弟夫   ④ 兄弟

49 "名山大川"의 뜻이 알맞은 것은? ( )
    ① 모든 방면
    ② 동양과 서양, 옛날과 지금이란 뜻
    ③ 경치 좋고 이름난 산천
    ④ 좋은 옷과 맛있는 음식

50 평소의 행동으로 바르지 <u>않은</u> 것은? ( )
    ① 문을 열고 닫을 때는 조심스럽게 한다.
    ② 부모님의 말씀을 잘 듣는다.
    ③ 고개를 바르고 정중하게 숙여 인사를 한다.
    ④ 집 밖으로 나갈 때에는 누구에게도 알리지 않는다.

※ 밑줄 친 부분을 한자로 바르게 쓴 것을 고르시오.

45) <u>금년</u> 달력을 보니 <u>휴일</u>이 적다.

45 금년 ( )
    ① 金月   ② 今年   ③ 今日   ④ 今世

46 휴일 ( )
    ① 休日   ② 年日   ③ 年月   ④ 休力

♣ 수고하셨습니다.

준5급 제11회 대한민국한자급수자격검정시험예상문제 [가형]

수험번호: _____ 성명: _____

■ 다음 물음에 맞는 답의 번호를 골라 답안지의 해당 답란에 표시하시오.

※ 한자의 훈음으로 바른 것을 고르시오.

01 字( ) ①글자 자 ②일곱 칠 ③메(뫼) 산 ④왼 좌

02 足( ) ①먼저 선 ②발 족 ③이름 명 ④달 월

03 川( ) ①내 천 ②물 수 ③장인 공 ④수건 건

04 同( ) ①강 강 ②아버지 부 ③마디 촌 ④한가지 동

05 正( ) ①모 방 ②스스로 자 ③바를 정 ④들 입

06 衣( ) ①안 내 ②나무 목 ③옷 의 ④일백 백

07 今( ) ①이제 금 ②쉴 휴 ③일천 천 ④여덟 팔

08 本( ) ①들 입 ②글월 문 ③하늘 천 ④근본 본

09 向( ) ①소 우 ②지아비 부 ③향할 향 ④물고기 어

10 央( ) ①땅 지 ②가운데 앙 ③다섯 오 ④아우 제

※ 훈음에 맞는 한자를 고르시오.

11 설 립( ) ①古 ②中 ③立 ④水

12 성씨 성( ) ①耳 ②姓 ③玉 ④下

13 수레 거( ) ①心 ②北 ③車 ④日

14 자리 위( ) ①衣 ②金 ③青 ④位

15 이름 명( ) ①弟 ②名 ③士 ④向

16 세상 세( ) ①三 ②文 ③天 ④世

17 문 문( ) ①兄 ②門 ③少 ④手

18 푸를 청( ) ①王 ②母 ③青 ④石

19 해 년( ) ①年 ②目 ③己 ④左

20 아니 불( ) ①大 ②不 ③牛 ④男

※ 물음에 알맞은 답을 고르시오.

21 "코의 모양"을 본떠 만든 한자로 사람들이 자기 코를 가리켜 자기를 의미한 것에서 "스스로 자"라는 뜻을 가진 한자는? ( )
①名 ②食 ③石 ④自

22) 四寸 동생은 기초학습부터 다시
23) 工夫하기로 마음먹었다.

22 윗글의 밑줄 친 '四寸'의 뜻으로 바른 것은? ( )
①삼촌 ②사촌 ③오촌 ④삼춘

23 윗글의 밑줄 친 '工夫'의 뜻으로 바른 것은? ( )
① 손으로 하는 비교적 간단한 공예
② 사람이 하는 일
③ 나무를 다루어서 물건을 만드는 일
④ 학문이나 기술을 배우고 익힘

24 밑줄 친 부분에 해당하는 한자로 바르지 않은 것은? ( )
① 형은 나보다 키가 작다 : 小
② 선풍기가 있는 방 안으로 들어갔다 : 內
③ 입 속에 군침이 돈다 : 手
④ 책가방은 책상 위에 놓여 있었다 : 上

25 한자의 총획이 바르지 않은 것은? ( )
① 東 – 총8획   ② 出 – 총6획
③ 羊 – 총6획   ④ 四 – 총5획

26 '地'의 유의자는? ( )
① 土   ② 江   ③ 川   ④ 正

※ 어휘의 독음이 바른 것을 고르시오.

27 九月 ( ) ①오월 ②칠월 ③구월 ④유월
28 力士 ( ) ①도사 ②인력 ③수력 ④역사
29 下衣 ( ) ①내의 ②하의 ③외의 ④상의
30 火口 ( ) ①화구 ②입구 ③수구 ④식구
31 本名 ( ) ①목인 ②명인 ③본인 ④본명

※ 어휘의 뜻으로 알맞은 것을 고르시오.

32 千金 ( )
① 이곳저곳에 있는 여러 산
② 많은 돈이나 비싼 값을 일컬음
③ 여러가지 방법
④ 아주 먼 옛날

33 一向 ( )
① 한쪽 눈
② 단체, 모임 등에 든 사람의 모두
③ 살아있는 동안
④ 언제나 한결같이

34 夫人 ( )
① 다 자란 씩씩한 남자
② 아버지와 아들
③ 남의 아내의 높임말
④ 남편과 아내

※ 낱말을 한자로 바르게 쓴 것을 고르시오.

35 방정 : 언행이 바르고 정당함 ( )
① 方位   ② 向方   ③ 不正   ④ 方正

36 북어 : 마른 명태, 건명태 ( )
① 白魚   ② 北魚   ③ 木魚   ④ 人魚

37 말년 : 인생의 마지막 무렵, 늘그막 ( )
① 末年   ② 年末   ③ 末日   ④ 年月

38 목하 : 바로 지금, 당장의 형편 아래 ( )
① 大木   ② 上下   ③ 目下   ④ 下向

☞ 다음 면에 계속

※ 밑줄 친 어휘의 알맞은 독음을 고르시오.

39 사용한 <u>手巾</u>을(를) 제자리에 걸었다. (　)
　　① 수문　② 수건　③ 두건　④ 수내

40 오늘 있을 수업의 과제물을 <u>出力</u>해서 등교해
　　야 한다. (　)
　　① 출력　② 출입　③ 입력　④ 출마

41 겨울에는 <u>內衣</u>을(를) 입는 것이 좋다. (　)
　　① 내향　② 외의　③ 내의　④ 내외

42 오랜만에 만난 <u>兄弟</u>는 밤새 이야기를 나누었다.
　　(　)
　　① 형부　② 제부　③ 제자　④ 형제

43 기념식에 유명 <u>人士</u>들이 대거 참석했다.
　　(　)
　　① 인력　② 입사　③ 인사　④ 인원

44 요즘은 <u>生水</u>를 돈을 주고 사 먹는 사람이 많다.
　　(　)
　　① 생수　② 생식　③ 생선　④ 생일

※ 물음에 알맞은 답을 고르시오.

47 '石工'의 유의어(비슷한 뜻의 어휘)는? (　)
　　① 右內　② 石耳　③ 石手　④ 木手

48 '少女'의 반의어는? (　)
　　① 小人　② 靑年　③ 少年　④ 年下

49 "正心工夫"의 속뜻으로 옳은 것은? (　)
　　① 모든 방면, 여러 방면
　　② 마음을 바로 가다듬어 배우고 익히는데 힘씀
　　③ 좋은 옷과 맛있는 음식
　　④ 거의 예외 없이 그러할 것임

50 어린이들이 어른께 인사 드리는 태도로 바르
　　지 <u>않은</u> 것은? (　)
　　① 고개를 바르고 정중하게 숙여 인사를 한다.
　　② 밝게 웃으면서 인사를 한다.
　　③ 손과 발은 가지런히 모으고 인사를 한다.
　　④ 인사할 때의 시선은 항상 발끝에 둔다.

※ 밑줄 친 부분을 한자로 바르게 쓴 것을
고르시오.

쌀은 45)<u>고금</u>을 통하여 변하지 않는 우리의
46)<u>주식</u>이 되고 있다.

45 고금 (　)
　　① 古文　② 中古　③ 千金　④ 古今

46 주식 (　)
　　① 夕食　② 主食　③ 食口　④ 主人

♣ 수고하셨습니다.

준5급 제12회 대한민국한자급수자격검정시험예상문제 [가형]

수험번호:　　　　　　　　　| 성명:

■ 다음 물음에 맞는 답의 번호를 골라 답안지의 해당 답란에 표시하시오.

※ 한자의 훈음으로 바른 것을 고르시오.

01 休(　) ①수건 건 ②푸를 청 ③이제 금 ④쉴 휴

02 世(　) ①사람 인 ②세상 세 ③나무 목 ④마디 촌

03 王(　) ①일곱 칠 ②왼 좌 ③임금 왕 ④문 문

04 衣(　) ①설 립 ②귀 이 ③옷 의 ④끝 말

05 正(　) ①바를 정 ②구슬 옥 ③들 입 ④서녘 서

06 金(　) ①해 년 ②글월 문 ③쇠 금 ④모 방

07 男(　) ①사내 남 ②아버지 부 ③아우 제 ④남녘 남

08 巾(　) ①맏 형 ②수건 건 ③손 수 ④근본 본

09 向(　) ①향할 향 ②말 마 ③몸 기 ④땅 지

10 先(　) ①마음 심 ②한가지 동 ③가운데 중 ④먼저 선

※ 훈음에 맞는 한자를 고르시오.

11 지아비 부(　) ①目 ②大 ③夫 ④四
12 먹을 식(　) ①食 ②耳 ③母 ④不
13 성씨 성(　) ①夕 ②主 ③衣 ④姓
14 가운데 앙(　) ①央 ②外 ③羊 ④百
15 돌 석(　) ①千 ②石 ③八 ④少
16 수레 거(　) ①魚 ②林 ③本 ④車
17 개 견(　) ①口 ②左 ③犬 ④馬
18 동녘 동(　) ①己 ②同 ③東 ④方
19 자리 위(　) ①出 ②位 ③江 ④火
20 예 고(　) ①右 ②士 ③女 ④古

※ 물음에 알맞은 답을 고르시오.

21 "나무의 뿌리"를 뜻하는 한자는? (　) ①本 ②林 ③末 ④木

22 "할머니는 **百年**동안 사셨다"에서 밑줄 친 '年'의 훈음으로 알맞은 것은? (　) ①달 월 ②흰 백 ③일천 천 ④해 년

☞ 다음 면에 계속

23 "흰 눈이 온 世上을 덮었다"에서 밑줄 친 '世'의 훈음으로 알맞은 것은? ( )
① 시대 대 ② 세상 세
③ 해 년 ④ 해 세

24 밑줄 친 부분에 해당하는 한자로 바르지 않은 것은? ( )
① 책을 책장 가운데에 꽂았다 : 中
② 형은 아우를 잘 보살펴야 한다 : 兄
③ 줄다리기에서 청팀이 이겼다 : 靑
④ 갈증이 나서 물을 세 잔이나 마셨다 : 三

25 한자의 총획이 바르지 않은 것은? ( )
① 字 – 총6획 ② 地 – 총6획
③ 馬 – 총9획 ④ 天 – 총4획

26 '川'의 유의자는? ( )
① 手 ② 土 ③ 牛 ④ 江

※ 어휘의 독음이 바른 것을 고르시오.

27 火力 ( ) ① 자력 ② 인력 ③ 화산 ④ 화력
28 南方 ( ) ① 방향 ② 서방 ③ 남방 ④ 방위
29 自己 ( ) ① 자신 ② 자기 ③ 자주 ④ 자수
30 入金 ( ) ① 출금 ② 일금 ③ 입출 ④ 입금
31 人工 ( ) ① 인력 ② 인공 ③ 수공 ④ 목공

※ 어휘의 뜻으로 알맞은 것을 고르시오.

32 下山 ( )
① 산에 오름
② 하늘 아래 온 세상
③ 산에서 내려가거나 내려옴
④ 강과 산

33 生日 ( )
① 태어난 날
② 아우나 손아래 누이
③ 익히지 않고 날로 먹음
④ 하루하루의 모든 날

34 心地 ( )
① 사물의 한 가운데
② 마음 속
③ 마음의 본 바탕
④ 눈에 보이는 하늘의 한가운데

※ 낱말을 한자로 바르게 쓴 것을 고르시오.

35 상동 : 위에 적힌 사실과 같음 ( )
① 上衣 ② 上位 ③ 上古 ④ 上同

36 우이 : 소의 귀 ( )
① 羊牛 ② 犬耳 ③ 牛耳 ④ 耳目

37 의식 : 의복과 음식 ( )
① 下衣 ② 衣食 ③ 食口 ④ 夕食

38 외출 : 집 밖으로 잠시 나가는 것 ( )
① 外力 ② 外地 ③ 外出 ④ 外食

※ 밑줄 친 어휘의 알맞은 독음을 고르시오.

39 진학 문제를 놓고 <u>父母</u>님과 상의했다. (　)
①부녀　②부부　③부자　④부모

40 공주는 <u>馬車</u>에서 내려 손을 흔들며 인사했다.
(　)
①우차　②마차　③마부　④어부

41 <u>千古</u>에 길이 빛날 역사적인 사건이다. (　)
①대우　②대고　③천년　④천고

42 오랜만에 <u>三寸</u>이 우리집에 놀러 오셨다. (　)
①사촌　②삼촌　③오촌　④육촌

43 이 글을 머리말, <u>本文</u>, 맺음말로 나누어 보자.
(　)
①본심　②본분　③본말　④본문

44 <u>先生</u>은(는) 학생을 가르치는 사람이다. (　)
①선상　②생선　③선조　④선생

※ 물음에 알맞은 답을 고르시오.

47 '門下生'의 유의어(비슷한 뜻의 어휘)는?(　)
①門中　②四門　③門人　④門外

48 '上水'의 반의어는? (　)
①水心　②生水　③下口　④下水

49 "四方八方"의 속뜻으로 바른 것은? (　)
①출생한 해와 달과 날
②모든 방면
③하늘이 맑게 갠 대낮
④이름난 산과 큰 내

50 평소 생활하는 태도로 가장 바른 것은? (　)
①외출할 때는 누구에게도 알리지 않는다.
②방문을 열고 닫을 때 세게 닫는다.
③혼자서 할 수 있는 일은 스스로 하려고 노력한다.
④남들 앞에서만 부모님께 존댓말을 쓴다.

※ 밑줄 친 부분을 한자로 바르게 쓴 것을 고르시오.

우리나라에서는 예로부터 45)천자문이 한자를 배우는 46)입문서로 널리 사용되어 왔다.

45 천자문 (　)
①千子門　②千字文
③天子文　④天字門

46 입문 (　)
①入門　②入口　③名文　④人文

제13회 대한민국한자급수자격검정시험예상문제 [가형]

준5급

수험번호: _____ 성명: _____

■ 다음 물음에 맞는 답의 번호를 골라 답안지의 해당 답란에 표시하시오.

※ 한자의 훈음으로 바른 것을 고르시오.

01 車( ) ①장인 공 ②마디 촌 ③수레 거 ④선비 사

02 正( ) ①주인 주 ②왼 좌 ③손 수 ④바를 정

03 立( ) ①돌 석 ②세상 세 ③설 립 ④이제 금

04 東( ) ①눈 목 ②스스로 자 ③동녘 동 ④장인 공

05 衣( ) ①지아비 부 ②옷 의 ③임금 왕 ④쇠 금

06 犬( ) ①큰 대 ②말 마 ③개 견 ④하늘 천

07 玉( ) ①자리 위 ②아니 불 ③구슬 옥 ④근본 본

08 兄( ) ①어머니 모 ②형 형 ③모 방 ④힘 력

09 文( ) ①글월 문 ②가운데 중 ③오른 우 ④들 입

10 士( ) ①흙 토 ②수풀 림 ③적을 소 ④선비 사

※ 훈음에 맞는 한자를 고르시오.

11 몸 기( ) ①己 ②石 ③先 ④上

12 일천 천( ) ①夫 ②千 ③九 ④北

13 끝 말( ) ①本 ②水 ③末 ④木

14 향할 향( ) ①百 ②同 ③姓 ④向

15 쉴 휴( ) ①林 ②休 ③自 ④門

16 안 내( ) ①石 ②男 ③少 ④內

17 가운데 앙( ) ①耳 ②主 ③央 ④食

18 물고기 어( ) ①兄 ②羊 ③魚 ④手

19 자리 위( ) ①足 ②位 ③火 ④南

20 발 족( ) ①父 ②江 ③足 ④白

※ 물음에 알맞은 답을 고르시오.

21 "사람의 머리 위에 하늘이 있어 끝없이 넓은 것"으로 '하늘'이라는 뜻을 나타내는 한자는?
( )
①人 ②天 ③大 ④木

어학학원을 시내 22)中心에서 23)南方으로 옮겼다.

22 윗글에서 밑줄 친 '中心'을 바르게 읽은 것은?
( )
①중간 ②중부 ③중앙 ④중심

23 위의 밑줄 친 '南方'의 뜻으로 바른 것은?
( )
① 서쪽 지방 ② 남자가 있는 방향
③ 남쪽 지방 ④ 모든 방향

24 밑줄 친 부분에 해당하는 한자로 바르지 않은 것은?
( )
① 칠판에 글자를 적으며 연습했다 : 字
② 출생 연월일을 기록하다 : 年
③ 그는 어머니를 극진히 모시는 효자다 : 母
④ 주민들의 목소리에 귀 기울이다 : 目

25 한자의 총획이 바르지 않은 것은? ( )
① 名 – 총6획   ② 足 – 총7획
③ 不 – 총3획   ④ 寸 – 총3획

26 '土'의 유의자는? ( )
① 石   ② 水   ③ 金   ④ 地

※ 어휘의 독음이 바른 것을 고르시오.

27 上同( ) ①상동 ②상인 ③하동 ④내의

28 出金( ) ①출금 ②출입 ③입금 ④출입

29 方今( ) ①지금 ②금년 ③금주 ④방금

30 七夕( ) ①십칠 ②칠일 ③칠석 ④칠월

31 外食( ) ①외출 ②외식 ③내외 ④조식

※ 어휘의 뜻으로 알맞은 것을 고르시오.

32 姓名 ( )
① 뛰어난 솜씨를 가진 사람
② 훌륭한 가문
③ 이름이 난 사람
④ 성과 이름

33 牛馬車 ( )
① 소의 귀, 우두머리
② 개와 말
③ 소나 말이 끄는 수레
④ 나무로 말의 모양을 깎아 만든 물건

34 年末 ( )
① 한 해 동안
② 올해 안
③ 자기보다 나이가 많음
④ 한 해의 마지막 때

※ 낱말을 한자로 바르게 쓴 것을 고르시오.

35 남녀 : 남자와 여자 ( )
① 男女 ② 男子 ③ 父女 ④ 兄夫

36 옥식 : 맛있고 좋은 음식 ( )
① 玉衣 ② 夕食 ③ 玉食 ④ 食口

37 상수 : 재주가 많음 ( )
① 上位 ② 上手 ③ 上水 ④ 下手

38 선천 : 타고난 성질이나 체질 ( )
① 天下 ② 先千 ③ 江川 ④ 先天

☞ 다음 면에 계속

※ 밑줄 친 어휘의 알맞은 독음을 고르시오.

39 동해에서 <u>日出</u>을 보며 소원을 빌었다. (　)
　① 월출　② 출입　③ 일출　④ 일몰

40 <u>小羊</u>들이 모여 풀을 뜯어 먹고 있다. (　)
　① 백양　② 우마　③ 산양　④ 소양

41 <u>今日</u> 아침부터 비가 올 것처럼 하늘이 어둡다. (　)
　① 금일　② 지금　③ 방금　④ 금방

42 세면을 마치자 동생이 <u>手巾</u>을 건넸다. (　)
　① 의건　② 청건　③ 두건　④ 수건

43 알고 보니 그녀는 판소리의 <u>名手</u>였다. (　)
　① 명수　② 명창　③ 명인　④ 명가

44 여기는 세 <u>方向</u>의 길이 교차하는 곳이다. (　)
　① 유명　② 명가　③ 방향　④ 명문

※ 물음에 알맞은 답을 고르시오.

47 우리 몸의 일부를 나타내는 한자가 <u>아닌</u> 것은? (　)
　① 目　② 心　③ 耳　④ 外

48 '火食'의 반의어(상대 또는 반대되는 뜻의 어휘)는? (　)
　① 大食　② 衣食　③ 生食　④ 小食

49 "三日天下"의 뜻으로 알맞은 것은? (　)
　① 여기저기 몇몇씩 흩어져 있는 모양
　② 하루가 삼 년 같음
　③ 단단히 먹은 마음이 사흘을 가지 못함
　④ 정권을 잡았다가 짧은 기간 내에 밀려나게 됨

50 학교에서의 행동으로 바르지 않은 것은? (　)
　① 선생님과의 약속을 잘 지키도록 한다.
　② 복도에서 선생님을 만나면 반갑게 인사를 한다.
　③ 친구가 잘못을 하면 선생님께 일러바친다.
　④ 바른 자세로 선생님의 말씀을 듣는다.

※ 밑줄 친 부분을 한자로 바르게 쓴 것을 고르시오.

45)<u>왕위</u>를 이을 아들을 46)<u>세자</u>라고 한다.

45 왕위 (　)
　① 玉子　② 王立　③ 玉位　④ 王位

46 세자 (　)
　① 世子　② 天子　③ 男子　④ 王子

제 14회 대한민국한자급수자격검정시험예상문제 [가형]

준5급

수험번호: _____ | 성명: _____

■ 다음 물음에 맞는 답의 번호를 골라 답안지의 해당 답란에 표시하시오.

※ 한자의 훈음으로 바른 것을 고르시오.

01 央( ) ①내 천 ②날 생 ③가운데 앙 ④쉴 휴

02 玉( ) ①구슬 옥 ②귀 이 ③서녘 서 ④옷 의

03 夫( ) ①아들 자 ②아니 불 ③지아비 부 ④바를 정

04 姓( ) ①수풀 림 ②성씨 성 ③근본 본 ④주인 주

05 地( ) ①모 방 ②스스로 자 ③수레 거 ④땅 지

06 立( ) ①설 립 ②세상 세 ③글자 자 ④한가지 동

07 石( ) ①해 년 ②먼저 선 ③돌 석 ④물고기 어

08 位( ) ①날 출 ②안 내 ③하늘 천 ④자리 위

09 夕( ) ①저녁 석 ②작을 소 ③쇠 금 ④한가지 동

10 古( ) ①임금 왕 ②글자 자 ③예 고 ④장인 공

※ 훈음에 맞는 한자를 고르시오.

11 양 양( ) ①車 ②羊 ③犬 ④馬
12 적을 소( ) ①水 ②白 ③兄 ④少
13 모 방( ) ①中 ②方 ③石 ④衣
14 사내 남( ) ①主 ②弟 ③夫 ④男
15 이제 금( ) ①今 ②末 ③外 ④六
16 바를 정( ) ①力 ②正 ③川 ④向
17 글월 문( ) ①門 ②牛 ③文 ④寸
18 푸를 청( ) ①靑 ②食 ③士 ④巾
19 오른 우( ) ①八 ②右 ③年 ④立
20 이름 명( ) ①左 ②名 ③金 ④犬

※ 물음에 알맞은 답을 고르시오.

21 "사람이 나무 밑에서 쉬다" 에서 '쉬다'의 뜻을 나타내는 한자는? ( )
①人 ②本 ③林 ④休

세계 22)**名車** 테마파크는 전세계 자동차 마니아들의 심장을 최대 23)**馬力**(으)로 뛰게 한다.

22 윗글에서 밑줄 친 '**名車**'에서 '車'의 훈음으로 바른 것은? ( )
①수레 거 ②손 수 ③들 입 ④수레 차

☞ 다음 면에 계속

23 윗글에서 밑줄 친 '馬力'을(를) 바르게 읽은 것은? ( )
① 마부 ② 마차 ③ 마력 ④ 마대

24 밑줄 친 부분에 해당하는 한자로 바르지 않은 것은? ( )
① 누구나 스스로 공부하는 습관을 길러야 한다 : 自
② 목표 지점을 향하여 전속력으로 달렸다 : 向
③ 사람들은 손을 흔들며 그를 환영했다 : 耳
④ 오늘 저녁은 바깥에서 외식을 하기로 했다 : 外

25 한자의 총획이 바르지 않은 것은? ( )
① 同 - 총6획   ② 世 - 총6획
③ 正 - 총5획   ④ 羊 - 총6획

26 '末'의 반의자는? ( )
① 本   ② 玉   ③ 一   ④ 少

※ 어휘의 독음이 바른 것을 고르시오.

27 兄夫 ( ) ① 형제 ② 부형 ③ 형부 ④ 형수

28 上向 ( ) ① 상하 ② 하향 ③ 상승 ④ 상향

29 靑魚 ( ) ① 문어 ② 백어 ③ 청어 ④ 홍어

30 手足 ( ) ① 부족 ② 상수 ③ 공수 ④ 수족

31 年休 ( ) ① 연중 ② 연내 ③ 연말 ④ 연휴

※ 어휘의 뜻으로 알맞은 것을 고르시오.

32 石火 ( )
① 번갯불
② 돌로 만든 문
③ 돌과 쇠가 맞부딪칠 때 순간적으로 일어나는 불
④ 돌이나 바위가 많은 산

33 不正 ( )
① 올바르지 아니하거나 옳지 못함
② 바른 자리
③ 일정하지 아니함
④ 정직함

34 小食 ( )
① 음식을 많이 먹음
② 음식을 맛있게 먹음
③ 가정이 아닌 곳에서 식사하는 일
④ 음식을 적게 먹음

※ 낱말을 한자로 바르게 쓴 것을 고르시오.

35 소녀 : 아직 완전히 성숙하지 아니한 어린 여자아이 ( )
① 小人 ② 少年 ③ 少女 ④ 小女

36 문사 : 문학에 뛰어나고 시문을 잘 짓는 사람 ( )
① 人士 ② 文士 ③ 門人 ④ 文子

37 명견 : 혈통이 좋은 개 ( )
① 名門 ② 名犬 ③ 名士 ④ 名人

38 사촌 : 아버지의 친형제자매의 아들이나 딸과의 촌수 ( )
① 五寸 ② 七寸 ③ 三寸 ④ 四寸

※ 밑줄 친 어휘의 알맞은 독음을 고르시오.

39 신석기 시대에는 <u>靑石</u>을(를) 가지고 돌도끼를 만들기도 했다. ( )
① 금석　② 천석　③ 옥석　④ 청석

40 그녀는 사교계의 <u>女王</u>으로 불렸다. ( )
① 왕녀　② 여자　③ 여왕　④ 왕자

41 <u>玉文</u>은 남의 글을 높여 이르는 말이다. ( )
① 옥문　② 옥석　③ 왕문　④ 왕옥

42 시험 <u>日字</u>가 아직 확정이 안 되었다. ( )
① 요일　② 일자　③ 일정　④ 날짜

43 우리나라는 <u>南北</u>으로 나뉘어 있다. ( )
① 남북　② 북서　③ 동서　④ 서남

44 진학 문제를 놓고 <u>先生</u>님과 상의했다. ( )
① 형제　② 부모　③ 자녀　④ 선생

※ 밑줄 친 부분을 한자로 바르게 쓴 것을 고르시오.

파란색 45)상의를 입은 저 소녀가 내 46)동생이다.

45 상의 ( )
① 上下　② 下衣　③ 內衣　④ 上衣

46 동생 ( )
① 同姓　② 同生　③ 一生　④ 年生

※ 물음에 알맞은 답을 고르시오.

47 '內地'의 반의어(상대 또는 반대되는 뜻의 어휘)는? ( )
① 內下　② 外口　③ 內外　④ 外地

48 "네 방향"을 뜻하는 "東西南□"의 □안에 들어갈 알맞은 한자는? ( )
① 方　② 向　③ 北　④ 中

49 "正心工夫"의 뜻이 문장에서 가장 알맞게 쓰인 것은? ( )
① 책을 건성으로 보는 것을 <u>正心工夫</u>라 한다.
② 한자를 배울 때는 <u>正心工夫</u>를 해야 한다.
③ <u>正心工夫</u>에 갑자기 소나기가 내리기 시작했다.
④ 경치가 좋고 이름난 산천을 <u>正心工夫</u>라 한다.

50 버스를 기다리고 있을 때의 바른 자세는? ( )
① 차도로 나가서 손을 흔든다.
② 줄을 서서 차례를 기다린다.
③ 친구들과 장난치며 서 있는다.
④ 휴지를 땅에 버리고 주위를 살핀다.

준5급 제15회 대한민국한자급수자격검정시험예상문제 [가형]

수험번호: | 성명:

■ 다음 물음에 맞는 답의 번호를 골라 답안지의 해당 답란에 표시하시오.

※ 한자의 훈음으로 바른 것을 고르시오.

01 夫( ) ①마디 촌 ②나무 목 ③몸 기 ④지아비 부

02 世( ) ①적을 소 ②가운데 중 ③세상 세 ④옷 의

03 主( ) ①바깥 외 ②이름 명 ③자리 위 ④주인 주

04 本( ) ①남녘 남 ②근본 본 ③해 년 ④말 마

05 車( ) ①수레 거 ②이제 금 ③저녁 석 ④오른 우

06 食( ) ①아홉 구 ②손 수 ③성씨 성 ④먹을 식

07 同( ) ①모 방 ②한가지 동 ③임금 왕 ④바를 정

08 魚( ) ①돌 석 ②물고기 어 ③내 천 ④글월 문

09 士( ) ①향할 향 ②일백 백 ③선비 사 ④소 우

10 休( ) ①적을 소 ②물 수 ③스스로 자 ④쉴 휴

※ 훈음에 맞는 한자를 고르시오.

11 장인 공( ) ①內 ②工 ③末 ④金

12 힘 력( ) ①世 ②力 ③外 ④王

13 설 립( ) ①北 ②今 ③古 ④立

14 마디 촌( ) ①寸 ②兄 ③巾 ④字

15 아니 불( ) ①不 ②青 ③門 ④六

16 가운데 앙( ) ①央 ②位 ③耳 ④東

17 먼저 선( ) ①水 ②羊 ③自 ④先

18 눈 목( ) ①目 ②生 ③地 ④母

19 모 방( ) ①弟 ②向 ③石 ④方

20 이제 금( ) ①文 ②今 ③年 ④天

※ 물음에 알맞은 답을 고르시오.

21 나무에 나무를 겹쳐 "나무가 많은 수풀"을 뜻하는 한자는? ( )
①木 ②大 ③林 ④末

형은 요즈음 운동량이 22)부족하여 23)小食하며 자신의 건강을 관리하고 있다.

22 윗글에서 밑줄 친 '부족'을 한자로 바르게 쓴 것은? ( )
①夫正 ②不足 ③夫足 ④父足

23 위의 밑줄 친 '小食'의 뜻으로 바른 것은? ( )

① 식사 사이에 음식을 먹음
② 음식을 빨리 먹음
③ 음식을 싱겁게 먹음
④ 음식을 적게 먹음

24 밑줄 친 부분에 해당하는 한자가 잘못 쓰인 것은? ( )

① 나는 요즘 몸과 <u>마음</u>이 모두 편하다 : 心
② 이 길로 쭉 가다가 <u>왼쪽</u>으로 돌면 학교가 나온다 : 左
③ 우리 고장은 <u>산</u> 좋고 물 좋은 곳이다 : 水
④ 나와 친구는 <u>둘</u> 다 체육을 좋아한다 : 二

25 한자의 총획이 바르지 않은 것은? ( )

① 五 - 총5획　② 玉 - 총5획
③ 百 - 총6획　④ 千 - 총3획

26 '地'의 유의자는? ( )

① 月　② 川　③ 土　④ 木

※ 어휘의 독음이 바른 것을 고르시오.

27 自己 ( )　① 자문 ② 자신 ③ 자기 ④ 자주

28 四方 ( )　① 동방 ② 사방 ③ 서방 ④ 팔방

29 靑木 ( )　① 청백 ② 청산 ③ 청본 ④ 청목

30 中東 ( )　① 북동 ② 중남 ③ 중동 ④ 중간

31 六月 ( )　① 유월 ② 륙월 ③ 구월 ④ 팔월

※ 어휘의 뜻으로 알맞은 것을 고르시오.

32 下向 ( )
① 위쪽을 향함
② 기세가 강해짐
③ 높은 지위
④ 아래로 향함

33 木手 ( )
① 나무를 재료로 여러가지 물건을 만드는 일
② 나무로 만든 말
③ 나무를 다루는 일로 업을 삼는 사람
④ 손으로 하는 비교적 간단한 공예

34 百姓 ( )
① 온갖 종류의 장인
② 대낮
③ 국민의 예스러운 말
④ 가족수가 많음

※ 낱말을 한자로 바르게 쓴 것을 고르시오.

35 마차 : 말이 끄는 수레 ( )
① 馬夫　② 出馬　③ 牛馬　④ 馬車

36 휴일 : 일을 하지 않고 쉬는 날 ( )
① 中休　② 不休　③ 休日　④ 年休

37 금옥 : 금과 옥, 귀중한 것의 비유 ( )
① 玉衣　② 金玉　③ 白玉　④ 玉石

38 정문 : 건물의 정면에 있는 문 ( )
① 正門　② 入門　③ 門下　④ 門內

☞ 다음 면에 계속

※ 밑줄 친 어휘의 알맞은 독음을 고르시오.

39 제안서를 <u>出力</u>하여 책상에 올려 두었다.
　　　　　　　　　　　　　　　　　　(　　)
　① 인력　② 출입　③ 입력　④ 출력

40 부모님께서는 퇴직하신 후 <u>年金</u>으로 생활하고 계신다.　　　　　　　　　(　　)
　① 부금　② 연금　③ 모금　④ 기금

41 동네 입구에 한 그루의 <u>古木</u>나무가 있다.
　　　　　　　　　　　　　　　　　　(　　)
　① 고목　② 고금　③ 중고　④ 만고

42 이 유적지에서는 청동기와 철기가 함께 <u>出土</u> 되었다.　　　　　　　　　　(　　)
　① 출력　② 출토　③ 출입　④ 유출

43 아버지는 <u>內心</u> 승진을 기대하고 계신다.
　　　　　　　　　　　　　　　　　　(　　)
　① 중심　② 내외　③ 내심　④ 외심

44 시간은 이미 <u>子正</u>을 넘어가 있었다. (　　)
　① 정자　② 심야　③ 정오　④ 자정

※ 밑줄 친 부분을 한자로 바르게 쓴 것을 고르시오.

집을 지을 때는 45)남향으로 바라보는 것이 46)정방이 된다.

45 남향　　　　　　　　　　　　　(　　)
　① 北向　② 西向　③ 南向　④ 東向

46 정방　　　　　　　　　　　　　(　　)
　① 不正　② 水方　③ 金方　④ 正方

※ 물음에 알맞은 답을 고르시오.

47 '名人'의 유의어는?　　　　　　(　　)
　① 名車　② 名門
　③ 名手　④ 名字

48 '火食'의 반의어(상대 또는 반대되는 뜻의 어휘)는?　　　　　　　　　　　(　　)
　① 外食　② 大食　③ 小食　④ 生食

49 "靑天白日"의 뜻이 문장에서 가장 알맞게 쓰인 것은?　　　　　　　　　　(　　)
　① 靑天白日에 난데없이 폭우가 쏟아졌다.
　② 그의 말솜씨는 靑天白日같다.
　③ 출생한 해와 달과 날은 靑天白日이다.
　④ 소문을 듣고 靑天白日에 사람들이 몰려들었다.

50 평소의 행동으로 바르지 않은 것은? (　　)
　① 문을 열고 닫을 때 세게 닫는다.
　② 밖에 나갔다 들어와서는 손과 발을 깨끗이 씻는다.
　③ 출입을 할 때에는 반드시 부모님께 인사를 드린다.
　④ 금일 해야 할 일은 금일에 해결한다.

제01회 정답 및 해설

정답표

01	02	03	04	05
③	④	③	②	①
06	07	08	09	10
③	④	④	③	②
11	12	13	14	15
④	③	③	①	④
16	17	18	19	20
④	②	③	①	②
21	22	23	24	25
③	①	④	④	③
26	27	28	29	30
②	①	③	①	②
31	32	33	34	35
④	②	④	①	③
36	37	38	39	40
④	④	①	③	②
41	42	43	44	45
②	③	①	④	②
46	47	48	49	50
③	②	④	④	①

01 ① 쇠 금 : 金
　 ② 손 수 : 手
　 ④ 일천 천 : 千

02 ① 수건 건 : 巾
　 ② 넉 사 : 四
　 ③ 푸를 청 : 靑

03 ① 아우 제 : 弟
　 ② 수풀 림 : 林
　 ④ 세상 세 : 世

04 ① 아비 부 : 父
　 ③ 근본 본 : 本
　 ④ 형 형 : 兄

05 ② 동녘 동 : 東
　 ③ 가운데 중 : 中
　 ④ 성씨 성 : 姓

06 ① 설 립 : 立
　 ② 오른 우 : 右
　 ④ 해 년 : 年

07 ① 이름 명 : 名
　 ② 여덟 팔 : 八
　 ③ 여섯 육 : 六

08 ① 들 입 : 入
　 ② 글월 문 : 文
　 ③ 하늘 천 : 天

09 ① 수풀 림 : 林
　 ② 물 수 : 水
　 ④ 양 양 : 羊

10 ① 나무 목 : 木
　 ③ 바를 정 : 正
　 ④ 구슬 옥 : 玉

11 ① 衣 : 옷 의
　 ② 八 : 여덟 팔
　 ③ 白 : 흰 백

12 ① 下 : 아래 하
　 ② 足 : 발 족
　 ④ 弟 : 아우 제

13 ① 魚 : 물고기 어
　 ② 西 : 서녘 서
　 ④ 入 : 들 입

14 ② 夕 : 저녁 석
　 ③ 先 : 먼저 선
　 ④ 手 : 손 수

15 ① 名 : 이름 명
　 ② 目 : 눈 목
　 ③ 子 : 아들 자

16 ① 人 : 사람 인
　 ② 天 : 하늘 천
　 ③ 力 : 힘 력

17 ① 向 : 향할 향
　 ③ 石 : 돌 석
　 ④ 寸 : 마디 촌

18 ① 犬 : 개 견
　 ② 立 : 설 립
　 ④ 地 : 땅 지

19 ② 耳 : 귀 이
　 ③ 己 : 몸 기
　 ④ 門 : 문 문

20 ① 木 : 나무 목
　 ③ 北 : 북녘 북
　 ④ 千 : 일천 천

21 ① 右 : 오른 우
　 ② 羊 : 양 양
　 ④ 己 : 몸 기

22 休日(휴일) : 쉴 휴, 날 일
　 ➡ 일을 쉬고 노는 날

23 不足(부족) : 아닐 불, 발 족
　 ➡ 필요한 양이나 기준에 미치지 못해 충분하지 아니함

24 ④ 少 : 적을 소 ➡ 小 : 작을 소

25 ③ 男 – 총7획

26 央 : 가운데 앙
　 ② 中 : 가운데 중　 ① 右 : 오른 우
　 ③ 外 : 바깥 외　 ④ 天 : 하늘 천

27 大門(대문) : 큰 대, 문 문
　 ➡ 집 바깥으로 통하게 하기 위해 만든 커다란 문

28 名山(명산) : 이름 명, 메(뫼) 산
　 ➡ 이름난 산

29 不正(부정) : 아닐 불, 바를 정
　 ➡ 올바르지 아니하거나 옳지 못함

30 牛馬(우마) : 소 우, 말 마
　 ➡ 소와 말을 아울러 이르는 말

31 少女(소녀) : 적을 소, 여자 녀(여)
　 ➡ 아직 완전히 성숙하지 아니한 어린 여자아이

32 白月(백월) : 흰 백, 달 월

33 古木(고목) : 예 고, 나무 목

34 千金(천금) : 일천 천, 쇠 금

35 木工(목공) : 나무 목, 장인 공

36 姓名(성명) : 성씨 성, 이름 명

37 文字(문자) : 글월 문, 글자 자

38 大魚(대어) : 큰 대, 물고기 어

39 同一(동일) : 한가지 동, 한 일

40 母子(모자) : 어머니 모, 아들 자

41 食口(식구) : 먹을 식, 입 구

42 手中(수중) : 손 수, 가운데 중

43 七夕(칠석) : 일곱 칠, 저녁 석

44 自立(자립) : 스스로 자, 설 립(입)

45 世上(세상) : 세상 세, 윗 상

46 男女(남녀) : 사내 남, 여자 녀(여)

47 • 靑少年(청소년) : 청년과 소년을 아울러 이르는 말
 • 靑山(청산) : 풀과 나무가 무성한 푸른 산
 • 靑天(청천) : 푸른 하늘
 ② 靑 : 푸를 청   ① 土 : 흙 토
 ③ 江 : 강 강   ④ 林 : 수풀 림

48 火食(화식) : 불 화, 먹을 식
➡ 불에 익힌 음식을 먹음. 또는 그 음식
④ 生食(생식) : 날 생, 먹을 식
➡ 익히지 아니하고 날로 먹음. 또는 그런 음식
① 夕食(석식) : 저녁 석, 먹을 식
➡ 저녁에 끼니로 먹는 밥
② 外食(외식) : 바깥 외, 먹을 식
➡ 집에서 직접 해 먹지 아니하고 밖에서 음식을 사 먹음. 또는 그런 식사
③ 玉食(옥식) : 구슬 옥, 먹을 식
➡ 맛있고 좋은 음식

49 十中八九(십중팔구) : 열 십, 가운데 중, 여덟 팔, 아홉 구
➡ "열 가운데 여덟이나 아홉 정도"로 거의 대부분이거나 거의 틀림없음

50 ① 친구의 작은 실수도 선생님께 일러바치는 행동은 친구와의 신뢰를 해칠 수 있고, 사소한 일은 서로 이해하고 배려하는 태도가 더 바람직하다.

제 02회 정답 및 해설

정답표

01	02	03	04	05
①	③	②	④	③
06	07	08	09	10
②	④	③	③	①
11	12	13	14	15
②	④	③	④	①
16	17	18	19	20
②	④	①	③	③
21	22	23	24	25
②	③	④	②	⑤
26	27	28	29	30
③	②	①	④	⑤
31	32	33	34	35
②	④	②	③	①
36	37	38	39	40
①	④	③	②	④
41	42	43	44	45
③	②	②	④	③
46	47	48	49	50
④	③	④	②	②

01 ② 강 강 : 江
　 ③ 구슬 옥 : 玉
　 ④ 수건 건 : 巾

02 ① 가운데 앙 : 央
　 ② 일곱 칠 : 七
　 ④ 먹을 식 : 食

03 ① 큰 대 : 大
　 ③ 돌 석 : 石
　 ④ 임금 왕 : 王

04 ① 불 화 : 火
　 ② 먼저 선 : 先
　 ③ 힘 력 : 力

05 ① 귀 이 : 耳
　 ② 자리 위 : 位
　 ④ 옷 의 : 衣

06 ① 일백 백 : 百
　 ③ 수풀 림 : 林
　 ④ 스스로 자 : 自

07 ① 달 월 : 月
　 ② 안 내 : 內
　 ③ 흰 백 : 白

08 ① 강 강 : 江
　 ② 발 족 : 足
　 ④ 힘 력 : 力

09 ① 소 우 : 牛
　 ② 아래 하 : 下
　 ④ 일천 천 : 千

10 ② 입 구 : 口
　 ③ 이제 금 : 今
　 ④ 마음 심 : 心

11 ① 日 : 날 일
　 ③ 木 : 나무 목
　 ④ 兄 : 맏 형

12 ① 山 : 메(뫼) 산
　 ② 羊 : 양 양
　 ③ 十 : 열 십

13 ① 方 : 모 방
    ② 名 : 이름 명
    ④ 己 : 몸 기

14 ① 世 : 세상 세
    ② 土 : 흙 토
    ③ 出 : 날 출

15 ② 八 : 여덟 팔
    ③ 男 : 사내 남
    ④ 耳 : 귀 이

16 ① 力 : 힘 력
    ③ 地 : 땅 지
    ④ 字 : 글자 자

17 ① 足 : 발 족
    ② 金 : 쇠 금
    ③ 人 : 사람 인

18 ② 玉 : 구슬 옥
    ③ 央 : 가운데 앙
    ④ 靑 : 푸를 청

19 ① 入 : 들 입
    ② 士 : 선비 사
    ④ 休 : 쉴 휴

20 ① 主 : 주인 주
    ② 末 : 끝 말
    ④ 馬 : 말 마

21 ① 女 : 여자 녀
    ③ 年 : 해 년
    ④ 工 : 장인 공

22 今日(금일) : 이제 금, 날 일
    ➡ 지금 지나가고 있는 이날

23 休日(휴일) : 쉴 휴, 날 일

24 ② 心(마음 심) ➡ 自(스스로 자)

25 ④ 先 - 총6획

26 玉 : 구슬 옥
    ③ 石 : 돌 석   ① 生 : 날 생
    ② 地 : 땅 지   ④ 中 : 가운데 중

27 月內(월내) : 달 월, 안 내
    ➡ 정하여진 때로부터 그달의 마지막 날까지의 사이

28 手工(수공) : 손 수, 장인 공
    ➡ 손으로 하는 비교적 간단한 공예

29 世上(세상) : 세상 세, 윗 상
    ➡ 사람이 살고 있는 모든 사회를 통틀어 이르는 말

30 名山(명산) : 이름 명, 메(뫼) 산
    ➡ 이름난 산

31 火力(화력) : 불 화, 힘 력(역)
    ➡ 불이 탈 때에 내는 열의 힘

32 食口(식구) : 먹을 식, 입 구

33 先山(선산) : 먼저 선, 메(뫼) 산

34 木手(목수) : 나무 목, 손 수

35 門生(문생) : 문 문, 날 생

36 內外(내외) : 안 내, 바깥 외

37 北魚(북어) : 북녘 북, 물고기 어

38 心地(심지) : 마음 심, 땅 지

39 休日(휴일) : 쉴 휴, 날 일

40 本名(본명) : 근본 본, 이름 명

41 四方(사방) : 넉 사, 모 방

42 牛羊(우양) : 소 우, 양 양

43 出馬(출마) : 날 출, 말 마

44 父母(부모) : 아버지 부, 어머니 모

45 下衣(하의) : 아래 하, 옷 의

46 女子(여자) : 여자 녀(여), 아들 자

47 • 火食(화식) : 불에 익힌 음식을 먹음. 또는 그 음식
 • 火車(화차) : 전쟁 때에, 불로 적을 공격하는 데 쓰던 수레
 • 火力(화력) : 불이 탈 때에 내는 열의 힘
 ③ 火 : 불 화   ① 大 : 큰 대
 ② 月 : 달 월   ④ 山 : 메(뫼) 산

48 年上(연상) : 해 년(연), 윗 상
 ➡ 자기보다 나이가 많음. 또는 그런 사람
 ④ 年下(연하) : 해 년(연), 아래 하
 ➡ 나이가 적음. 또는 그런 사람
 ① 天上(천상) : 하늘 천, 윗 상
 ➡ 하늘 위
 ② 地下(지하) : 땅 지, 아래 하
 ➡ 땅속이나 땅속을 파고 만든 구조물의 공간
 ③ 上下(상하) : 윗 상, 아래 하
 ➡ 위와 아래를 아울러 이르는 말

49 靑天白日(청천백일) : 푸를 청, 하늘 천, 흰 백, 날 일
 ➡ 하늘이 맑게 갠 대낮

50 ② 혼자서 할 수 있는 일은 스스로 해보려는 마음가짐은 자립심과 책임감을 키우고, 자신의 성장과 발전에 큰 도움이 된다.

제03회 정답 및 해설

정답표

01	02	03	04	05
④	②	①	④	④
06	07	08	09	10
③	③	④	③	②
11	12	13	14	15
④	④	②	①	①
16	17	18	19	20
③	①	④	②	④
21	22	23	24	25
③	④	②	③	②
26	27	28	29	30
④	③	②	④	②
31	32	33	34	35
④	②	④	②	③
36	37	38	39	40
④	①	④	④	②
41	42	43	44	45
③	④	③	③	④
46	47	48	49	50
②	③	②	③	②

01 ① 임금 왕 : 王
② 구슬 옥 : 玉
③ 눈 목 : 目

02 ① 아니 불 : 不
③ 나무 목 : 木
④ 마음 심 : 心

03 ② 주인 주 : 主
③ 근본 본 : 本
④ 아들 자 : 子

04 ① 바깥 외 : 外
② 향할 향 : 向
③ 선비 사 : 士

05 ① 여자 녀 : 女
② 물 수 : 水
③ 안 내 : 內

06 ① 먼저 선 : 先
② 예 고 : 古
④ 설 립 : 立

07 ① 아홉 구 : 九
② 아버지 부 : 父
④ 사람 인 : 人

08 ① 여덟 팔 : 八
② 위 상 : 上
③ 끝 말 : 末

09 ① 돌 석 : 石
② 스스로 자 : 自
④ 가운데 중 : 中

10 ① 적을 소 : 少
③ 귀 이 : 耳
④ 마디 촌 : 寸

11 ① 心 : 마음 심
② 地 : 땅 지
③ 手 : 손 수

12 ① 六 : 여섯 륙
② 大 : 큰 대
③ 王 : 임금 왕

13 ① 立 : 설 립
　　③ 方 : 모 방
　　④ 食 : 먹을 식

14 ② 北 : 북녘 북
　　③ 西 : 서녘 서
　　④ 自 : 스스로 자

15 ② 羊 : 양 양
　　③ 馬 : 말 마
　　④ 入 : 들 입

16 ① 力 : 힘 력
　　② 休 : 쉴 휴
　　④ 字 : 글자 자

17 ② 南 : 남녘 남
　　③ 名 : 이름 명
　　④ 今 : 이제 금

18 ① 少 : 적을 소
　　② 千 : 일천 천
　　③ 古 : 예 고

19 ① 百 : 일백 백
　　③ 犬 : 개 견
　　④ 位 : 자리 위

20 ① 川 : 내 천
　　② 出 : 날 출
　　③ 江 : 강 강

21 ① 末 : 끝 말
　　② 寸 : 마디 촌
　　④ 休 : 쉴 휴

22 水位(수위) : 물 수, 자리 위

23 江南(강남) : 강 강, 남녘 남

24 夫(지아비 부) ➡ 弟(아우 제)

25 ② 羊 – 총6획

26 地 : 땅 지
　　④ 土 : 흙 토　　① 火 : 불 화
　　② 日 : 날 일　　③ 門 : 문 문

27 出力(출력) : 날 출, 힘 력(역)
　　➡ 엔진, 전동기, 발전기 따위가 외부에 공급하는 기계적·전기적 힘

28 主人(주인) : 임금 주, 사람 인
　　➡ 대상이나 물건 따위를 소유한 사람

29 自立(자립) : 스스로 자, 설 립(입)
　　➡ 남에게 예속되거나 의지하지 아니하고 스스로 섬

30 耳目(이목) : 귀 이, 눈 목
　　➡ 주의나 관심

31 玉石(옥석) : 구슬 옥, 돌 석
　　➡ "옥과 돌"이라는 뜻으로, 좋은 것과 나쁜 것을 아울러 이르는 말

32 下向(하향) : 아래 하, 향할 향

33 中年(중년) : 가운데 중, 해 년(연)

34 外食(외식) : 바깥 외, 먹을 식

35 百方(백방) : 일백 백, 모 방

36 不足(부족) : 아닐 부, 발 족

37 入門(입문) : 들 입, 문 문

38 靑山(청산) : 푸를 청, 메(뫼) 산

39 年金(연금) : 해 년(연), 쇠 금

40 入口(입구) : 들 입, 입 구

41 自白(자백) : 스스로 자, 흰 백

42 玉文(옥문) : 구슬 옥, 글월 문

43 今方(금방) : 이제 금, 모 방

44 名人(명인) : 이름 명, 사람 인

45 山南(산남) : 메(뫼) 산, 남녘 남
➡ 산의 양지. 곧 산의 남쪽 편

46 四方(사방) : 넉 사, 모 방

47 ③ 目 : 눈 목
① 犬 : 개 견
② 羊 : 양 양
④ 馬 : 말 마

48 內力(내력) : 안 내, 힘 력(역)
➡ 물체 내에서 서로 작용하는 힘
② 外力(외력) : 바깥 외, 힘 력(역)
➡ 외부에서 작용하는 힘
① 內外(내외) : 안 내, 바깥 외
➡ 안과 밖을 아울러 이르는 말
③ 出力(출력) : 날 출, 힘 력(역)
➡ 원동기, 펌프 따위 기계나 장치가 입력을 받아 외부로 해낼 수 있는 일의 양

49 東西古今(동서고금) : 동녘 동, 서녘 서, 예 고, 이제 금
➡ 동양과 서양, 옛날과 지금을 통틀어 이르는 말

50 ① 손가락질은 예의에 어긋나는 행동이다.
③ 고개를 옆으로 돌리고 인사하는 것은 무례한 행동이다.
④ 도움을 청하는데 거절하는 것도 예의에 맞지 않는다.

제04회 정답 및 해설

정답표

01	02	03	04	05
①	④	④	③	④
06	07	08	09	10
②	②	③	①	④
11	12	13	14	15
①	②	④	④	③
16	17	18	19	20
②	④	①	③	②
21	22	23	24	25
②	②	①	②	④
26	27	28	29	30
③	②	④	④	③
31	32	33	34	35
①	③	②	③	①
36	37	38	39	40
②	④	③	③	④
41	42	43	44	45
②	②	①	③	②
46	47	48	49	50
③	④	①	①	③

01 ② 말 마 : 馬
　 ③ 넉 사 : 四
　 ④ 적을 소 : 少

02 ① 일백 백 : 百
　 ② 선비 사 : 士
　 ③ 어머니 모 : 母

03 ① 이름 명 : 名
　 ② 들 입 : 入
　 ③ 옷 의 : 衣

04 ① 날 생 : 生
　 ② 예 고 : 古
　 ④ 임금 왕 : 王

05 ① 아래 하 : 下
　 ② 석 삼 : 三
　 ③ 땅 지 : 地

06 ① 돌 석 : 石
　 ③ 근본 본 : 本
　 ④ 힘 력 : 力

07 ① 개 견 : 犬
　 ③ 날 일 : 日
　 ④ 끝 말 : 末

08 ① 아니 불 : 不
　 ② 바를 정 : 正
　 ④ 가운데 중 : 中

09 ② 성씨 성 : 姓
　 ③ 먹을 식 : 食
　 ④ 강 강 : 江

10 ① 주인 주 : 主
　 ② 수레 거 : 車
　 ③ 사내 남 : 男

11 ② 士 : 선비 사
　 ③ 耳 : 귀 이
　 ④ 位 : 자리 위

12 ① 馬 : 말 마
　 ③ 父 : 아버지 부
　 ④ 月 : 달 월

13 ① 姓 : 성씨 성
　　② 石 : 돌 석
　　③ 右 : 오른 우

14 ① 日 : 날 일
　　② 己 : 몸 기
　　③ 中 : 가운데 중

15 ① 心 : 마음 심
　　② 本 : 근본 본
　　④ 寸 : 마디 촌

16 ① 王 : 임금 왕
　　③ 林 : 수풀 림
　　④ 年 : 해 년

17 ① 九 : 아홉 구
　　② 食 : 먹을 식
　　③ 兄 : 맏 형

18 ② 工 : 장인 공
　　③ 手 : 손 수
　　④ 字 : 글자 자

19 ① 西 : 서녘 서
　　② 正 : 바를 정
　　④ 同 : 한가지 동

20 ① 巾 : 수건 건
　　③ 足 : 발 족
　　④ 先 : 먼저 선

21 ① 木 : 나무 목
　　③ 天 : 하늘 천
　　④ 人 : 사람 인

22 三寸(삼촌) : 석 삼, 마디 촌

23 工夫(공부) : 장인 공, 지아비 부

24 ② 日(날 일) ➡ 夕(저녁 석)

25 ④ 姓 – 총8획

26 同 : 한가지 동
　　③ 一 : 한 일　　① 天 : 하늘 천
　　② 玉 : 구슬 옥　④ 少 : 적을 소

27 本土(본토) : 근본 본, 흙 토
　➡ 주가 되는 국토를 섬이나 속국에 상대하여 이르는 말

28 年末(연말) : 해 년(연), 끝 말
　➡ 한 해의 마지막 무렵

29 中心(중심) : 가운데 중, 마음 심
　➡ 사물이나 행동에서 매우 중요하고 기본이 되는 부분

30 兄弟(형제) : 형 형, 아우 제
　➡ 형제와 자매, 남매를 통틀어 이르는 말

31 犬馬(견마) : 개 견, 말 마
　➡ 개나 말과 같이 천하고 보잘것없다는 뜻으로, 자신에 관한 것을 낮추어 이르는 말

32 生日(생일) : 날 생, 날 일

33 石手(석수) : 돌 석, 손 수

34 入金(입금) : 들 입, 쇠 금

35 主人(주인) : 주인 주, 사람 인

36 外耳(외이) : 바깥 외, 귀 이

37 少女(소녀) : 적을 소, 여자 녀(여)

38 四方(사방) : 넉 사, 모 방

39 二男(이남) : 두 이, 사내 남

40 北魚(북어) : 북녘 북, 물고기 어

41 日出(일출) : 날 일, 날 출

42 父子(부자) : 아버지 부, 아들 자

43 靑石(청석) : 푸를 청, 돌 석

44 千古(천고) : 일천 천, 예 고

45 古今(고금) : 예 고, 이제 금

46 主食(주식) : 주인 주, 먹을 식

47 下位(하위) : 아래 하, 자리 위
➡ 낮은 자리
④ 上位(상위) : 윗 상, 자리 위
➡ 높은 위치나 지위
① 上下(상하) : 윗 상, 아래 하
➡ 위와 아래를 아울러 이르는 말
② 下衣(하의) : 아래 하, 옷 의
➡ 아랫몸에 입는 옷. 바지
③ 中位(중위) : 가운데 중, 자리 위
➡ 중간 정도의 위치나 지위

48 ① 巾 : 수건 건
② 口 : 입 구
③ 足 : 발 족
④ 手 : 손 수

49 正心工夫(정심공부) : 바를 정, 마음 심, 장인 공, 지아비 부
➡ 마음을 바르게 가다듬어 배우고 익히는 데 힘씀

50 ① 줄을 서지 않고 새치기하는 것은 예의에 어긋난다.
② 큰 소리로 노래 부르는 것은 다른 사람에게 불편을 줄 수 있다.
④ 친구들과 장난치며 서 있는 것은 위험하며, 주위에 피해를 줄 수 있다.

제05회 정답 및 해설

정답표

01	02	03	04	05
②	②	③	④	②
06	07	08	09	10
①	③	④	②	④
11	12	13	14	15
③	④	④	②	①
16	17	18	19	20
④	③	②	①	①
21	22	23	24	25
②	③	④	②	③
26	27	28	29	30
①	④	③	②	①
31	32	33	34	35
③	③	②	③	①
36	37	38	39	40
③	④	②	③	④
41	42	43	44	45
④	③	②	②	②
46	47	48	49	50
④	③	②	②	④

01 ① 말 마 : 馬
③ 동녘 동 : 東
④ 마디 촌 : 寸

02 ① 아홉 구 : 九
③ 물 수 : 水
④ 모 방 : 方

03 ① 돌 석 : 石
② 왼 좌 : 左
④ 쇠 금 : 金

04 ① 날 생 : 生
② 글월 문 : 文
③ 세상 세 : 世

05 ① 스스로 자 : 自
③ 어머니 모 : 母
④ 양 양 : 羊

06 ② 나무 목 : 木
③ 흰 백 : 白
④ 가운데 앙 : 央

07 ① 향할 향 : 向
② 힘 력 : 力
④ 이름 명 : 名

08 ① 북녘 북 : 北
② 장인 공 : 工
③ 먹을 식 : 食

09 ① 개 견 : 犬
③ 모 방 : 方
④ 적을 소 : 少

10 ① 지아비 부 : 夫
② 성씨 성 : 姓
③ 손 수 : 手

11 ① 手 : 손 수
② 牛 : 소 우
④ 中 : 가운데 중

12 ① 右 : 오른 우
② 立 : 설 립
③ 出 : 날 출

13 ① 魚 : 물고기 어
　　② 目 : 눈 목
　　③ 四 : 넉 사

14 ① 弟 : 아우 제
　　③ 世 : 세상 세
　　④ 寸 : 마디 촌

15 ② 古 : 예 고
　　③ 年 : 해 년
　　④ 靑 : 푸를 청

16 ① 大 : 큰 대
　　② 先 : 먼저 선
　　③ 姓 : 성씨 성

17 ① 力 : 힘 력
　　② 馬 : 말 마
　　④ 向 : 향할 향

18 ① 士 : 선비 사
　　③ 夫 : 지아비 부
　　④ 末 : 끝 말

19 ② 己 : 몸 기
　　③ 兄 : 맏 형
　　④ 自 : 스스로 자

20 ② 十 : 열 십
　　③ 百 : 일백 백
　　④ 同 : 한가지 동

21 ① 母 : 어머니 모
　　③ 女 : 여자 녀
　　④ 生 : 날 생

22 不足(부족) : 아닐 불, 발 족

23 小食(소식) : 작을 소, 먹을 식

24 ② 三(석 삼) ➡ 二(두 이)

25 ③ 出 – 총5획

26 中 : 가운데 중
　　① 央 : 가운데 앙　　② 心 : 마음 심
　　③ 下 : 아래 하　　　④ 地 : 땅 지

27 年上(연상) : 해 년(연), 윗 상
　　➡ 자기보다 나이가 많음. 또는 그런 사람

28 六十(육십) : 여섯 륙(육), 열 십
　　➡ 십의 여섯 배가 되는 수

29 石山(석산) : 돌 석, 메(뫼) 산
　　➡ 돌이나 바위가 많은 산

30 大木(대목) : 큰 대, 나무 목
　　➡ 아름드리 큰 나무

31 牛足(우족) : 소 우, 발 족
　　➡ 고기로 이용되는 소의 발

32 名士(명사) : 이름 명, 선비 사

33 水力(수력) : 물 수, 힘 력(역)

34 自己(자기) : 스스로 자, 몸 기

35 出馬(출마) : 날 출, 말 마

36 一向(일향) : 한 일, 향할 향

37 人生(인생) : 사람 인, 날 생

38 先金(선금) : 먼저 선, 쇠 금

39 靑魚(청어) : 푸를 청, 물고기 어

40 正字(정자) : 바를 정, 글자 자

41 食口(식구) : 먹을 식, 입 구

42 少女(소녀) : 적을 소, 여자 녀(여)

43 一金(일금) : 한 일, 쇠 금

44 上衣(상의) : 윗 상, 옷 의

45 中東(중동) : 가운데 중, 동녘 동

46 中心(중심) : 가운데 중, 마음 심

47 木手(목수) : 나무 목, 손 수
➡ 나무를 다루어 집을 짓거나 가구, 기구 따위를 만드는 일을 직업으로 하는 사람
③ 大木(대목) : 큰 대, 나무 목
➡ '목수'를 높여 이르는 말
① 土木(토목) : 흙 토, 나무 목
➡ 흙과 나무를 이르는 말
② 石手(석수) : 돌 석, 손 수
➡ 돌을 잘 다루어 물건을 만들어 내는 사람(=돌장이)
④ 先手(선수) : 먼저 선, 손 수
➡ 남이 하기 전에 앞질러 하는 행동

48 門內(문내) : 문 문, 안 내
➡ 대문의 안
② 門外(문외) : 문 문, 바깥 외
➡ 문의 바깥쪽
① 文人(문인) : 글월 문, 사람 인
➡ 학문에 종사하는 사람
③ 門人(문인) : 문 문, 사람 인
➡ 문하에서 배우는 제자
④ 入門(입문) : 들 입, 문 문
➡ 무엇을 배우는 길에 처음 들어섬. 또는 그 길

49 靑天白日(청천백일) : 푸를 청, 하늘 천, 흰 백, 날 일
➡ 하늘이 맑게 갠 대낮

50 고개와 허리를 적절히 숙이는 인사는 상대방을 존중하고 예의를 표현하는 중요한 행위이다. 특히 상대가 나보다 윗사람일수록 허리를 더 많이 숙여 공경을 나타내며, 단순히 고개만 까딱이는 인사는 오히려 불쾌감을 줄 수 있다.

제 06회 정답 및 해설

🐑 정답표

01	02	03	04	05
③	②	④	②	③
06	07	08	09	10
④	①	③	①	④
11	12	13	14	15
④	①	②	③	④
16	17	18	19	20
①	③	④	④	③
21	22	23	24	25
②	④	③	②	④
26	27	28	29	30
③	④	③	②	③
31	32	33	34	35
③	①	②	④	②
36	37	38	39	40
③	②	④	①	②
41	42	43	44	45
③	①	③	④	③
46	47	48	49	50
④	④	③	①	②

01 ① 이름 명 : 名
    ② 설 립 : 立
    ④ 날 생 : 生

02 ① 바깥 외 : 外
    ③ 말 마 : 馬
    ④ 지아비 부 : 夫

03 ① 임금 왕 : 王
    ② 남녘 남 : 南
    ③ 모 방 : 方

04 ① 글자 자 : 字
    ③ 구슬 옥 : 玉
    ④ 손 수 : 手

05 ① 왼 좌 : 左
    ② 아우 제 : 弟
    ④ 먹을 식 : 食

06 ① 물고기 어 : 魚
    ② 바를 정 : 正
    ③ 내 천 : 川

07 ② 왼 좌 : 左
    ③ 아버지 부 : 父
    ④ 힘 력 : 力

08 ① 땅 지 : 地
    ② 향할 향 : 向
    ④ 가운데 앙 : 央

09 ② 적을 소 : 少
    ③ 수건 건 : 巾
    ④ 이제 금 : 今

10 ① 흙 토 : 土
    ② 푸를 청 : 青
    ③ 수풀 림 : 林

11 ① 主 : 주인 주
    ② 地 : 땅 지
    ③ 自 : 스스로 자

12 ② 左 : 왼 좌
    ③ 位 : 자리 위
    ④ 石 : 돌 석

13 ① 力 : 힘 력
   ③ 金 : 쇠 금
   ④ 本 : 근본 본

14 ① 中 : 가운데 중
   ② 外 : 바깥 외
   ④ 內 : 안 내

15 ① 少 : 적을 소
   ③ 玉 : 구슬 옥
   ④ 下 : 아래 하

16 ② 土 : 흙 토
   ③ 寸 : 마디 촌
   ④ 休 : 쉴 휴

17 ① 林 : 수풀 림
   ② 木 : 나무 목
   ④ 車 : 수레 거

18 ① 羊 : 양 양
   ② 不 : 아니 불
   ③ 衣 : 옷 의

19 ① 世 : 세상 세
   ② 古 : 예 고
   ③ 巾 : 수건 건

20 ① 川 : 내 천
   ② 方 : 모 방
   ④ 手 : 손 수

21 ① 古 : 예 고
   ③ 靑 : 푸를 청
   ④ 林 : 수풀 림

22 江山(강산) : 강 강, 메(뫼) 산

23 人心(인심) : 사람 인, 마음 심

24 ② 外(바깥 외) ➡ 內(안 내)

25 ④ 地 - 총6획

26 玉 : 구슬 옥
   ③ 石 : 돌 석   ① 世 : 세상 세
   ② 衣 : 옷 의   ④ 力 : 힘 력

27 七夕(칠석) : 일곱 칠, 저녁 석
   ➡ 음력 7월 7일을 이르는 말

28 衣食(의식) : 옷 의, 먹을 식
   ➡ 의복과 음식을 아울러 이르는 말

29 生手(생수) : 날 생, 손 수
   ➡ 어떤 일에 익숙하지 못하고 서투른 사람

30 靑天(청천) : 푸를 청, 하늘 천
   ➡ 푸른 하늘

31 日出(일출) : 날 일, 날 출
   ➡ 해가 뜸

32 兄夫(형부) : 형 형, 지아비 부

33 不正(부정) : 아닐 불, 바를 정

34 士林(사림) : 선비 사, 수풀 림(임)

35 犬馬(견마) : 개 견, 말 마

36 百方(백방) : 일백 백, 모 방

37 工夫(공부) : 장인 공, 지아비 부

38 川魚(천어) : 내 천, 물고기 어

39 南北(남북) : 남녘 남, 북녘 북

40 休日(휴일) : 쉴 휴, 날 일

41 手巾(수건) : 손 수, 수건 건

42 人力(인력) : 사람 인, 힘 력(역)

43 子正(자정) : 아들 자, 바를 정

44 火山(화산) : 불 화, 메(뫼) 산

45 先生(선생) : 먼저 선, 날 생

46 父母(부모) : 아버지 부, 어머니 모

47 ④ 門 : 문 문
   ① 東 : 동녘 동
   ② 北 : 북녘 북
   ③ 南 : 남녘 남

48 門人(문인) : 문 문, 사람 인
   ➡ 문하에서 배우는 제자
   ③ 門下生(문하생) : 문 문, 아래 하, 날 생
   ➡ 문하에서 배우는 제자
   ① 文字(문자) : 글월 문, 글자 자
   ➡ 인간의 언어를 적는 데 사용하는 시각적인 기호 체계
   ② 門中(문중) : 문 문, 가운데 중
   ➡ 성과 본이 같은 가까운 집안
   ④ 名手(명수) : 이름 명, 손 수
   ➡ 기능이나 기술 따위에서 소질과 솜씨가 뛰어난 사람

49 靑天白日 (청천백일) : 푸를 청, 하늘 천, 흰 백, 날 일
   ➡ 하늘이 맑게 갠 대낮

50 ② 친구의 잘못을 선생님께 고자질하는 행동은 일반적으로 학교 생활에서 바람직하지 않은 행동으로 여겨진다.

제07회 정답 및 해설

🐑 정답표

01	02	03	04	05
④	③	②	②	①
06	07	08	09	10
①	③	②	①	③
11	12	13	14	15
③	②	③	②	①
16	17	18	19	20
③	④	②	①	④
21	22	23	24	25
④	②	③	④	①
26	27	28	29	30
③	④	③	③	①
31	32	33	34	35
③	③	③	②	③
36	37	38	39	40
③	①	①	②	③
41	42	43	44	45
④	③	①	②	②
46	47	48	49	50
③	③	③	③	④

01 ① 아니 불 : 不
　 ② 개 견 : 犬
　 ③ 한가지 동 : 同

02 ① 손 수 : 手
　 ② 마디 촌 : 寸
　 ④ 날 생 : 生

03 ① 지아비 부 : 夫
　 ③ 모 방 : 方
　 ④ 주인 주 : 主

04 ① 날 출 : 出
　 ③ 가운데 중 : 中
　 ④ 흙 토 : 土

05 ② 자리 위 : 位
　 ③ 북녘 북 : 北
　 ④ 쇠 금 : 金

06 ② 돌 석 : 石
　 ③ 향할 향 : 向
　 ④ 세상 세 : 世

07 ① 임금 왕 : 王
　 ② 선비 사 : 士
　 ④ 소 우 : 牛

08 ① 해 년 : 年
　 ③ 수풀 림 : 林
　 ④ 들 입 : 入

09 ② 끝 말 : 末
　 ③ 귀 이 : 耳
　 ④ 강 강 : 江

10 ① 아우 제 : 弟
　 ② 가운데 앙 : 央
　 ④ 아니 불 : 不

11 ① 外 : 바깥 외
　 ② 先 : 먼저 선
　 ④ 月 : 달 월

12 ① 兄 : 맏 형
　 ③ 正 : 바를 정
　 ④ 姓 : 성씨 성

13 ① 夫 : 지아비 부
   ② 方 : 모 방
   ④ 手 : 손 수

14 ① 北 : 북녘 북
   ③ 四 : 넉 사
   ④ 東 : 동녘 동

15 ② 食 : 먹을 식
   ③ 母 : 어머니 모
   ④ 主 : 주인 주

16 ① 日 : 날 일
   ② 百 : 일백 백
   ④ 目 : 눈 목

17 ① 石 : 돌 석
   ② 央 : 가운데 앙
   ③ 右 : 오른 우

18 ① 今 : 이제 금
   ③ 東 : 동녘 동
   ④ 生 : 날 생

19 ② 王 : 임금 왕
   ③ 足 : 발 족
   ④ 古 : 예 고

20 ① 門 : 문 문
   ② 正 : 바를 정
   ③ 己 : 몸 기

21 ① 母 : 어머니 모
   ② 子 : 아들 자
   ③ 兄 : 맏 형

22 日本(일본) : 날 일, 근본 본

23 火山(화산) : 불 화, 메(뫼) 산

24 ④ 東(동녘 동) ➡ 南(남녘 남)

25 ① 字 - 총6획

26 川 : 내 천
   ③ 江 : 강 강   ① 山 : 메(뫼) 산
   ② 天 : 하늘 천   ④ 地 : 땅 지

27 千金(천금) : 일천 천, 쇠 금
   ➡ 많은 돈이나 비싼 값을 비유적으로 이르는 말

28 出入(출입) : 날 출, 들 입
   ➡ 어느 곳을 드나듦

29 六月(유월) : 여섯 륙(육), 달 월
   ➡ 한 해 열두 달 가운데 여섯째 달

30 天心(천심) : 하늘 천, 마음 심
   ➡ 하늘의 뜻

31 北門(북문) : 북녘 북, 문 문
   ➡ 북쪽으로 난 문

32 中古(중고) : 가운데 중, 예 고

33 左足(좌족) : 왼 좌, 발 족

34 立地(입지) : 설 립(입), 땅 지

35 日字(일자) : 날 일, 글자 자

36 主力(주력) : 주인 주, 힘 력(역)

37 向方(향방) : 향할 향, 모 방

38 先山(선산) : 먼저 선, 메(뫼) 산

39 門下(문하) : 문 문, 아래 하

40 王子(왕자) : 임금 왕, 아들 자

41 內衣(내의) : 안 내, 옷 의

42 小羊(소양) : 작을 소, 양 양

43 心力(심력) : 마음 심, 힘 력(역)

44 不足(부족) : 아닐 불, 발 족

45 父母(부모) : 아버지 부, 어머니 모

46 食口(식구) : 먹을 식, 입 구

47 본인(本人) : 근본 본, 사람 인
➡ 어떤 일에 직접 관계가 있거나 해당 되는 사람. '나'를 문어적으로 이르는 말
③ 자기(自己) : 스스로 자, 몸 기
➡ 그 사람 자신을 가리키는 말
① 주인(主人) : 주인 주, 사람 인
➡ 어떤 대상이나 물건 따위를 소유한 사람
② 목인(木人) : 나무 목, 사람 인
➡ 나무로 만든 사람의 형상
④ 문인(文人) : 글월 문, 사람 인
➡ 학문에 종사하는 사람

48 생식(生食) : 날 생, 먹을 식
➡ 불에 익히지 않고 날로 먹는 음식 또는 그 음식을 먹음
③ 화식(火食) : 불 화, 먹을 식
➡ 불에 익힌 음식 또는 그 음식을 먹음
① 소식(小食) : 작을 소, 먹을 식
➡ 음식을 적게 먹음
② 중식(中食) : 가운데 중, 먹을 식
➡ 점심에 끼니로 먹는 밥(점심밥)
④ 주식(主食) : 주인 주, 먹을 식
➡ 끼니 때마다 주로 먹는 음식

49 三日天下(삼일천하) : 석 삼, 날 일, 하늘 천, 아래 하
➡ 정권을 잡았다가 짧은 기간 내에 밀려나게 됨을 이르는 말

50 ④ 자립심을 기르고 스스로 생활하려는 자세가 바람직하다.

제08회 정답 및 해설

🐑 정답표

01	02	03	04	05
②	④	②	③	④
06	07	08	09	10
③	④	②	①	②
11	12	13	14	15
②	①	①	④	①
16	17	18	19	20
②	③	②	④	④
21	22	23	24	25
④	②	④	③	②
26	27	28	29	30
①	④	②	④	③
31	32	33	34	35
③	④	②	③	①
36	37	38	39	40
③	④	②	③	④
41	42	43	44	45
②	③	④	③	②
46	47	48	49	50
③	③	③	④	②

01 ① 모 방 : 方
　　③ 오른 우 : 右
　　④ 발 족 : 足

02 ① 선비 사 : 士
　　② 어미 모 : 母
　　③ 수풀 림 : 林

03 ① 향할 향 : 向
　　③ 가운데 중 : 中
　　④ 글자 자 : 字

04 ① 날 생 : 生
　　② 여자 녀 : 女
　　④ 사내 남 : 男

05 ① 적을 소 : 少
　　② 양 양 : 羊
　　③ 말 마 : 馬

06 ① 쉴 휴 : 休
　　② 구슬 옥 : 玉
　　④ 설 립 : 立

07 ① 해 년 : 年
　　② 세상 세 : 世
　　③ 바를 정 : 正

08 ① 메(뫼) 산 : 山
　　③ 석 삼 : 三
　　④ 물고기 어 : 魚

09 ② 눈 목 : 目
　　③ 안 내 : 內
　　④ 스스로 자 : 自

10 ① 설 립 : 立
　　③ 먼저 선 : 先
　　④ 하늘 천 : 天

11 ① 世 : 세상 세
　　③ 川 : 내 천
　　④ 足 : 발 족

12 ② 生 : 날 생
　　③ 本 : 근본 본
　　④ 方 : 모 방

13　② 力 : 힘 력
　　③ 石 : 돌 석
　　④ 王 : 임금 왕

14　① 南 : 남녘 남
　　② 西 : 서녘 서
　　③ 北 : 북녘 북

15　② 日 : 날 일
　　③ 名 : 이름 명
　　④ 百 : 일백 백

16　① 心 : 마음 심
　　③ 車 : 수레 거
　　④ 同 : 한가지 동

17　① 口 : 입 구
　　② 目 : 눈 목
　　④ 手 : 손 수

18　① 外 : 바깥 외
　　③ 位 : 자리 위
　　④ 方 : 모 방

19　① 巾 : 수건 건
　　② 正 : 바를 정
　　③ 馬 : 말 마

20　① 今 : 이제 금
　　② 金 : 쇠 금
　　③ 衣 : 옷 의

21　① 夕 : 저녁 석
　　② 文 : 글월 문
　　③ 本 : 근본 본

22　出世(출세) : 날 출, 인간 세

23　一生(일생) : 한 일, 날 생

24　③ 位(자리 위) ➡ 白(흰 백)

25　② 百 – 총6획

26　土 : 흙 토
　　① 天 : 하늘 천　② 地 : 땅 지
　　③ 北 : 북녘 북　④ 字 : 글자 자

27　不同(부동) : 아닐 불, 한가지 동
　　➡ 서로 같지 않음

28　手下(수하) : 손 수, 아래 하
　　➡ 나이나 항렬 따위가 자기보다 아래이거나
　　　낮은 관계. 또는 그런 관계에 있는 사람

29　石山(석산) : 돌 석, 메(뫼) 산
　　➡ 돌이나 바위가 많은 산

30　馬車(마차) : 말 마, 수레 차
　　➡ 말이 끄는 수레

31　七八(칠팔) : 일곱 칠, 여덟 팔
　　➡ 그 수량이 일곱이나 여덟임을 나타내는 말

32　耳目(이목) : 귀 이, 눈 목

33　人心(인심) : 사람 인, 마음 심

34　正門(정문) : 바를 정, 문 문

35　木工(목공) : 나무 목, 장인 공

36　男女(남녀) : 사내 남, 여자 녀(여)

37　地名(지명) : 땅 지, 이름 명

38　中古(중고) : 가운데 중, 예 고

39　同心(동심) : 한가지 동, 마음 심

40　七夕(칠석) : 일곱 칠, 저녁 석

41 父女(부녀) : 아버지 부, 여자 녀(여)

42 千金(천금) : 일천 천, 쇠 금

43 大川(대천) : 큰 대, 내 천

44 人夫(인부) : 사람 인, 지아비 부

45 世上(세상) : 세상 세, 윗 상

46 自立(자립) : 스스로 자, 설 립(입)

47 出力(출력) : 날 출, 힘 력(역)
➡ 원동기, 펌프 따위 기계나 장치가 입력을 받아 외부로 해낼 수 있는 일의 양
③ 入力(입력) : 들 입, 힘 력(역)
➡ 전기적·기계적 에너지를 발생 또는 변환하는 장치가 단위 시간 동안 받은 에너지의 양
① 出口(출구) : 날 출, 입 구
➡ 밖으로 나갈 수 있는 통로
② 入出(입출) : 들 입, 날 출
➡ 수입과 지출을 아울러 이르는 말
④ 出入(출입) : 날 출, 들 입
➡ 어느 곳을 드나듦

48 • 今日(금일) : 지금 지나가고 있는 이날
• 方今(방금), 今方(금방) :
1) 말하고 있는 시점보다 바로 조금 전에
2) 말하고 있는 시점과 같은 때에
3) 말하고 있는 시점부터 바로 조금 후에
③ 今 : 이제 금
① 金 : 쇠 금
② 右 : 오른 우
④ 正 : 바를 정

49 十中八九(십중팔구) : 열 십, 가운데 중, 여덟 팔, 아홉 구
➡ 열 가운데 여덟이나 아홉 정도로 거의 대부분이거나 거의 틀림없음

50 ② 인사를 할 때 고개를 옆으로 돌리고 인사하는 것은 무례하고 예의에 맞지 않는 행동이다.

제09회 정답 및 해설

정답표

01	02	03	04	05
①	③	④	②	②
06	07	08	09	10
④	②	④	①	④
11	12	13	14	15
④	③	①	④	②
16	17	18	19	20
①	③	①	③	②
21	22	23	24	25
①	②	②	④	①
26	27	28	29	30
③	④	③	④	②
31	32	33	34	35
④	③	②	③	①
36	37	38	39	40
④	①	③	②	③
41	42	43	44	45
②	①	①	④	④
46	47	48	49	50
②	④	③	③	①

01 ② 성씨 성 : 姓
   ③ 지아비 부 : 夫
   ④ 임금 왕 : 王

02 ① 맏 형 : 兄
   ② 흰 백 : 白
   ④ 자리 위 : 位

03 ① 저녁 석 : 夕
   ② 끝 말 : 末
   ③ 수건 건 : 巾

04 ① 가운데 앙 : 央
   ③ 마디 촌 : 寸
   ④ 이름 명 : 名

05 ① 먹을 식 : 食
   ③ 쇠 금 : 金
   ④ 한가지 동 : 同

06 ① 어머니 모 : 母
   ② 물고기 어 : 魚
   ③ 선비 사 : 士

07 ① 바를 정 : 正
   ③ 세상 세 : 世
   ④ 나무 목 : 木

08 ① 들 입 : 入
   ② 쉴 휴 : 休
   ③ 힘 력 : 力

09 ② 날 출 : 出
   ③ 수풀 림 : 林
   ④ 근본 본 : 本

10 ① 동녘 동 : 東
   ② 안 내 : 內
   ③ 여덟 팔 : 八

11 ① 力 : 힘 력
   ② 衣 : 옷 의
   ③ 士 : 선비 사

12 ① 工 : 장인 공
   ② 羊 : 양 양
   ④ 足 : 발 족

13　② 弟 : 아우 제
　　③ 食 : 먹을 식
　　④ 地 : 땅 지

14　① 位 : 자리 위
　　② 心 : 마음 심
　　③ 日 : 날 일

15　① 古 : 예 고
　　③ 向 : 향할 향
　　④ 六 : 여섯 륙

16　② 自 : 스스로 자
　　③ 世 : 세상 세
　　④ 主 : 주인 주

17　① 犬 : 개 견
　　② 先 : 먼저 선
　　④ 年 : 해 년

18　② 車 : 수레 거
　　③ 末 : 끝 말
　　④ 少 : 적을 소

19　① 姓 : 성씨 성
　　② 生 : 날 생
　　④ 中 : 가운데 중

20　① 土 : 흙 토
　　③ 己 : 몸 기
　　④ 天 : 하늘 천

21　② 休 : 쉴 휴
　　③ 末 : 끝 말
　　④ 西 : 서녘 서

22　中年(중년) : 가운데 중, 해 년

23　少年(소년) : 적을 소, 해 년(연)

24　④ 八(여덟 팔) ➡ 九(아홉 구)

25　① 向 – 총6획

26　石 : 돌 석
　　③ 玉 : 구슬 옥　　① 大 : 큰 대
　　② 弟 : 아우 제　　④ 力 : 힘 력

27　一方(일방) : 한 일, 모 방
　　➡ 어느 한쪽. 또는 어느 한편

28　山水(산수) : 메(뫼) 산, 물 수
　　➡ 산과 물이라는 뜻으로, 경치를 이르는 말

29　兄夫(형부) : 형 형, 지아비 부
　　➡ 언니의 남편을 이르거나 부르는 말

30　古木(고목) : 예 고, 나무 목
　　➡ 주로 키가 큰 나무로, 여러 해 자라 더 크지 않을 정도로 오래된 나무

31　火車(화차) : 불 화, 수레 차
　　➡ 전쟁 때에, 불로 적을 공격하는 데 쓰던 수레

32　子正(자정) : 아들 자, 바를 정

33　食口(식구) : 먹을 식, 입 구

34　牛羊(우양) : 소 우, 양 양

35　中年(중년) : 가운데 중, 해 년(연)

36　弟子(제자) : 아우 제, 아들 자

37　生水(생수) : 날 생, 물 수

38　入門(입문) : 들 입, 문 문

39　年休(연휴) : 해 년(연), 쉴 휴

40 玉食(옥식) : 구슬 옥, 먹을 식

41 本文(본문) : 근본 본, 글월 문

42 靑魚(청어) : 푸를 청, 물고기 어

43 出口(출구) : 날 출, 입 구

44 四方(사방) : 넉 사, 모 방

45 下衣(하의) : 아래 하, 옷 의

46 男子(남자) : 사내 남, 아들 자

47 ④ 方 : 모 방
① 目 : 눈 목
② 心 : 마음 심
③ 手 : 손 수

48 內地(내지) : 안 내, 땅 지
➡ 한 나라의 영토(領土) 안
③ 外地(외지) : 바깥 외, 땅 지
➡ 나라 밖의 땅
① 世外(세외) : 세상 세, 바깥 외
➡ 세상 밖이라는 뜻으로, 속세를 떠난 곳을 이르는 말
② 內心(내심) : 안 내, 마음 심
➡ 겉으로 드러나지 아니한 실제의 마음
④ 內外(내외) : 안 내, 바깥 외
➡ 안과 밖을 아울러 이르는 말

49 ③ 四方八方(사방팔방) : 넉 사, 모 방, 여덟 팔, 모 방
➡ 여기저기 모든 방향이나 방면
① 十中八九(십중팔구) : 열 십, 가운데 중, 여덟 팔, 아홉 구
➡ 열 가운데 여덟이나 아홉 정도로 거의 대부분이거나 거의 틀림없음

② 同姓同本(동성동본) : 한가지 동, 성씨 성, 한가지 동, 근본 본
➡ 성(姓)과 본관이 모두 같음
④ 玉衣玉食(옥의옥식) : 구슬 옥, 옷 의, 구슬 옥, 먹을 식
➡ 좋은 옷을 입고 맛있는 음식을 먹음

50 ② 웃어른의 부탁을 정중히 들어드리는 것이 예의에 맞다.
③ 꾸중을 들을 때는 겸손한 태도로 고개를 숙이는 것이 예의이다.
④ 손가락질은 무례한 행동으로 예의에 어긋난다.

제 10회 정답 및 해설

🐑 정답표

01	02	03	04	05
②	④	④	②	④
06	07	08	09	10
③	③	②	①	③
11	12	13	14	15
②	④	④	②	①
16	17	18	19	20
③	②	③	①	②
21	22	23	24	25
③	④	③	④	④
26	27	28	29	30
①	③	②	③	②
31	32	33	34	35
④	③	③	①	④
36	37	38	39	40
①	③	③	③	③
41	42	43	44	45
④	②	③	②	②
46	47	48	49	50
①	④	③	③	④

01 ① 글자 자 : 字
　 ③ 아래 하 : 下
　 ④ 아니 불 : 不

02 ① 자리 위 : 位
　 ② 나무 목 : 木
　 ③ 끝 말 : 末

03 ① 임금 왕 : 王
　 ② 저녁 석 : 夕
　 ③ 마디 촌 : 寸

04 ① 글월 문 : 文
　 ③ 날 출 : 出
　 ④ 힘 력 : 力

05 ① 설 립 : 立
　 ② 일백 백 : 百
　 ③ 스스로 자 : 自

06 ① 땅 지 : 地
　 ② 이제 금 : 今
　 ④ 세상 세 : 世

07 ① 여자 녀 : 女
　 ② 손 수 : 手
　 ④ 아버지 부 : 父

08 ① 푸를 청 : 靑
　 ③ 돌 석 : 石
　 ④ 한가지 동 : 同

09 ② 사내 남 : 男
　 ③ 귀 이 : 耳
　 ④ 장인 공 : 工

10 ① 먹을 식 : 食
　 ② 안 내 : 內
　 ④ 수풀 림 : 林

11 ① 生 : 날 생
　 ③ 寸 : 마디 촌
　 ④ 左 : 왼 좌

12 ① 千 : 일천 천
　 ② 南 : 남녘 남
　 ③ 牛 : 소 우

13 ① 位 : 자리 위
　　② 今 : 이제 금
　　③ 休 : 쉴 휴

14 ① 衣 : 옷 의
　　③ 玉 : 구슬 옥
　　④ 江 : 강 강

15 ② 內 : 안 내
　　③ 上 : 위 상
　　④ 向 : 향할 향

16 ① 方 : 모 방
　　② 士 : 선비 사
　　④ 自 : 스스로 자

17 ① 古 : 예 고
　　③ 入 : 들 입
　　④ 右 : 오른 우

18 ① 靑 : 푸를 청
　　② 王 : 임금 왕
　　④ 馬 : 말 마

19 ② 年 : 해 년
　　③ 央 : 가운데 앙
　　④ 足 : 발 족

20 ① 末 : 끝 말
　　③ 食 : 먹을 식
　　④ 車 : 수레 거

21 ① 兄 : 맏 형
　　② 子 : 아들 자
　　④ 母 : 어머니 모

22 今日(금일) : 이제 금, 날 일

23 江南(강남) : 강 강, 남녘 남

24 ④ 手(손 수) ➡ 足(발 족)

25 食 : 총9획

26 同 : 한가지 동
　　① 一 : 한 일　　② 本 : 근본 본
　　③ 名 : 이름 명　④ 力 : 힘 력

27 耳目(이목) : 귀 이, 눈 목
　➡ 1) 귀와 눈을 아울러 이르는 말
　　　2) 주의나 관심

28 內心(내심) : 안 내, 마음 심
　➡ 겉으로 드러나지 아니한 실제의 마음

29 古今(고금) : 예 고, 이제 금
　➡ 예전과 지금을 아울러 이르는 말

30 名犬(명견) : 이름 명, 개 견
　➡ 혈통이 좋은 개

31 地位(지위) : 땅 지, 자리 위
　➡ 개인의 사회적 신분에 따르는 위치나 자리

32 外食(외식) : 바깥 외, 먹을 식

33 七夕(칠석) : 일곱 칠, 저녁 석

34 月末(월말) : 달 월, 끝 말

35 南向(남향) : 남녘 남, 향할 향

36 靑天(청천) : 푸를 청, 하늘 천

37 自生(자생) : 스스로 자, 날 생

38 女心(여심) : 여자 녀(여), 마음 심

39 百世(백세) : 일백 백, 인간 세

40 入力(입력) : 들 입, 힘 력(역)

41 日出(일출) : 날 일, 날 출

42 名人(명인) : 이름 명, 사람 인

43 金九(김구) : 쇠 금, 아홉 구

44 不正(부정) : 아닐 불, 바를 정

45 今年(금년) : 이제 금, 해 년(연)

46 休日(휴일) : 쉴 휴, 날 일

47 石工(석공) : 돌 석, 장인 공
➡ 돌을 다루어 물건을 만드는 사람
④ 石手(석수) : 돌 석, 손 수
➡ 돌을 다루어 물건을 만드는 사람
① 木工(목공) : 나무 목, 장인 공
➡ 나무를 다루어서 물건을 만드는 일
② 石山(석산) : 돌 석, 메(뫼) 산
➡ 돌이나 바위가 많은 산
③ 工人(공인) : 장인 공, 사람 인
➡ 손으로 물건을 만드는 일을 직업으로 하는 사람

48 兄夫(형부) : 형 형, 지아비 부
➡ 언니의 남편을 이르거나 부르는 말
③ 弟夫(제부) : 아우 제, 지아비 부
➡ 언니가 여동생의 남편을 이르거나 부르는 말
① 父兄(부형) : 아버지 부, 형 형
➡ 아버지와 형을 아울러 이르는 말
② 弟子(제자) : 아우 제, 아들 자
➡ 스승으로부터 가르침을 받거나 받은 사람
④ 兄弟(형제) : 형 형, 아우 제
➡ 형(兄)과 아우를 아울러 이르는 말

49 名山大川(명산대천) : 이름 명, 메(뫼) 산, 큰 대, 내 천
➡ 이름난 산과 큰 내

50 ④ 집 밖으로 나갈 때는 가족에게 알리는 것이 올바른 행동이다.

제11회 정답 및 해설

🐑 정답표

01	02	03	04	05
①	②	①	④	③
06	07	08	09	10
③	①	④	③	②
11	12	13	14	15
③	②	③	④	②
16	17	18	19	20
④	②	③	①	②
21	22	23	24	25
④	②	③	③	②
26	27	28	29	30
①	③	④	②	①
31	32	33	34	35
④	②	④	③	④
36	37	38	39	40
②	①	③	②	①
41	42	43	44	45
③	④	③	①	④
46	47	48	49	50
②	③	③	②	④

01 ② 일곱 칠 : 七
　 ③ 메(뫼) 산 : 山
　 ④ 왼 좌 : 左

02 ① 먼저 선 : 先
　 ③ 이름 명 : 名
　 ④ 달 월 : 月

03 ② 물 수 : 水
　 ③ 장인 공 : 工
　 ④ 수건 건 : 巾

04 ① 강 강 : 江
　 ② 아버지 부 : 父
　 ③ 마디 촌 : 寸

05 ① 모 방 : 方
　 ② 스스로 자 : 自
　 ④ 들 입 : 入

06 ① 안 내 : 內
　 ② 나무 목 : 木
　 ④ 일백 백 : 百

07 ② 쉴 휴 : 休
　 ③ 일천 천 : 千
　 ④ 여덟 팔 : 八

08 ① 들 입 : 入
　 ② 글월 문 : 文
　 ③ 하늘 천 : 天

09 ① 소 우 : 牛
　 ② 지아비 부 : 夫
　 ④ 물고기 어 : 魚

10 ① 땅 지 : 地
　 ③ 다섯 오 : 五
　 ④ 아우 제 : 弟

11 ① 古 : 예 고
　 ② 中 : 가운데 중
　 ④ 水 : 물 수

12 ① 耳 : 귀 이
　 ③ 玉 : 구슬 옥
　 ④ 下 : 아래 하

13 ① 心 : 마음 심
   ② 北 : 북녘 북
   ④ 日 : 날 일

14 ① 衣 : 옷 의
   ② 金 : 쇠 금
   ③ 靑 : 푸를 청

15 ① 弟 : 아우 제
   ③ 士 : 선비 사
   ④ 向 : 향할 향

16 ① 三 : 석 삼
   ② 文 : 글월 문
   ③ 天 : 하늘 천

17 ① 兄 : 맏 형
   ③ 少 : 적을 소
   ④ 手 : 손 수

18 ① 王 : 임금 왕
   ② 母 : 어머니 모
   ④ 石 : 돌 석

19 ② 目 : 눈 목
   ③ 己 : 몸 기
   ④ 左 : 왼 좌

20 ① 大 : 큰 대
   ③ 牛 : 소 우
   ④ 男 : 사내 남

21 ① 名 : 이름 명
   ② 食 : 먹을 식
   ③ 石 : 돌 석

22 四寸 (사촌) : 넉 사, 마디 촌

23 工夫 (공부) : 장인 공, 지아비 부

24 ③ 手(손 수) ➡ 口(입 구)

25 ② 出 – 총5획

26 地 : 땅 지
   ① 土 : 흙 토   ② 江 : 강 강
   ③ 川 : 내 천   ④ 正 : 바를 정

27 九月(구월) : 아홉 구, 달 월
   ➡ 한 해 열두 달 가운데 아홉째 달

28 力士(역사) : 힘 력(역), 선비 사
   ➡ 뛰어나게 힘이 센 사람

29 下衣(하의) : 아래 하, 옷 의
   ➡ 아래에 입는 옷

30 火口(화구) : 불 화, 입 구
   ➡ 불을 때는 아궁이의 아가리,
      불을 내뿜는 아가리

31 本名(본명) : 근본 본, 이름 명
   ➡ 가명이나 별명이 아닌 본디 이름

32 千金(천금) : 일천 천, 쇠 금

33 一向(일향) : 한 일, 향할 향

34 夫人(부인) : 지아비 부, 사람 인

35 方正(방정) : 모 방, 바를 정

36 北魚(북어) : 북녘 북, 물고기 어

37 末年(말년) : 끝 말, 해 년(연)

38 目下(목하) : 눈 목, 아래 하

39 手巾(수건) : 손 수, 수건 건

40 出力(출력) : 날 출, 힘 력(역)

41 內衣(내의) : 안 **내**, 옷 **의**

42 兄弟(형제) : 형 **형**, 아우 **제**

43 人士(인사) : 사람 **인**, 선비 **사**

44 生水(생수) : 날 **생**, 물 **수**

45 古今(고금) : 예 **고**, 이제 **금**

46 主食(주식) : 임금 **주**, 먹을 **식**

47 石工(석공) : 돌 **석**, 장인 **공**
 ➡ 돌을 다루어 물건을 만드는 사람
 ③ 石手(석수) : 돌 **석**, 손 **수**
 ➡ 돌을 다루어 물건을 만드는 사람
 ② 石耳(석이) : 돌 **석**, 귀 **이**
 ➡ 지의류 석이과의 버섯. 몸은 평평한 지름이 3~10cm이고 원반형이며, 겉은 번들번들하고 잿빛인데 안쪽은 검고 거칠거칠하다.
 ④ 木手(목수) : 나무 **목**, 손 **수**
 ➡ 나무를 다루어 집을 짓거나 가구, 기구 따위를 만드는 일을 직업으로 하는 사람

48 少女(소녀) : 적을 **소**, 여자 **녀(여)**
 ➡ 아직 완전히 성숙하지 아니한 어린 여자아이
 ③ 少年(소년) : 적을 **소**, 해 **년(연)**
 ➡ 아직 완전히 성숙하지 아니한 어린 사내아이
 ① 小人(소인) : 작을 **소**, 사람 **인**
 ➡ 1) 나이가 어린 사람
   2) 키나 몸집 따위가 작은 사람
 ② 靑年(청년) : 푸를 **청**, 해 **년(연)**
 ➡ 신체적·정신적으로 한창 성장하거나 무르익은 시기에 있는 사람

④ 年下(연하) : 해 **년(연)**, 아래 **하**
 ➡ 나이가 적음. 또는 그런 사람

49 正心工夫(정심공부) : 바를 **정**, 마음 **심**, 장인 **공**, 지아비 **부**
 ➡ 마음을 바르게 가다듬어 배우고 익히는 데 힘씀

50 ④ 어른에게 인사를 할 때는 상대방을 잠깐 바라본 뒤, 고개를 숙여 정중하게 인사하는 것이 예의바른 태도이다.

제12회 정답 및 해설

정답표

01	02	03	04	05
④	②	③	③	①
06	07	08	09	10
③	①	②	①	④
11	12	13	14	15
③	①	④	①	②
16	17	18	19	20
④	③	③	②	④
21	22	23	24	25
①	④	②	②	④
26	27	28	29	30
④	④	③	②	④
31	32	33	34	35
②	③	①	③	④
36	37	38	39	40
③	②	③	④	②
41	42	43	44	45
④	②	④	④	②
46	47	48	49	50
①	③	④	②	③

01　①수건 건 : 巾
　　②푸를 청 : 靑
　　③이제 금 : 今

02　①사람 인 : 人
　　③나무 목 : 木
　　④마디 촌 : 寸

03　①일곱 칠 : 七
　　②왼 좌 : 左
　　④문 문 : 門

04　①설 립 : 立
　　②귀 이 : 耳
　　④끝 말 : 末

05　②구슬 옥 : 玉
　　③들 입 : 入
　　④서녘 서 : 西

06　①해 년 : 年
　　②글월 문 : 文
　　④모 방 : 方

07　②아버지 부 : 父
　　③아우 제 : 弟
　　④남녘 남 : 南

08　①맏 형 : 兄
　　③손 수 : 手
　　④근본 본 : 本

09　②말 마 : 馬
　　③몸 기 : 己
　　④땅 지 : 地

10　①마음 심 : 心
　　②한가지 동 : 同
　　③가운데 중 : 中

11　①目 : 눈 목
　　②大 : 큰 대
　　④四 : 넉 사

12　②耳 : 귀 이
　　③母 : 어머니 모
　　④不 : 아니 불

13 ① 夕 : 저녁 석
　 ② 主 : 주인 주
　 ③ 衣 : 옷 의

14 ② 外 : 바깥 외
　 ③ 羊 : 양 양
　 ④ 百 : 일백 백

15 ① 千 : 일천 천
　 ③ 八 : 여덟 팔
　 ④ 少 : 적을 소

16 ① 魚 : 물고기 어
　 ② 林 : 수풀 림
　 ③ 本 : 근본 본

17 ① 口 : 입 구
　 ② 左 : 왼 좌
　 ④ 馬 : 말 마

18 ① 己 : 몸 기
　 ② 同 : 한가지 동
　 ④ 方 : 모 방

19 ① 出 : 날 출
　 ③ 江 : 강 강
　 ④ 火 : 불 화

20 ① 右 : 오른 우
　 ② 士 : 선비 사
　 ③ 女 : 여자 녀

21 ② 林 : 수풀 림
　 ③ 末 : 끝 말
　 ④ 木 : 나무 목

22 百年(백년) : 일백 백, 해 년(연)

23 世上(세상) : 세상 세, 윗 상

24 ② 兄(맏 형) ➡ 弟(아우 제)

25 ③ 馬 – 총10획

26 川 : 내 천
　 ④ 江 : 강 강　　① 手 : 손 수
　 ② 土 : 흙 토　　③ 牛 : 소 우

27 火力(화력) : 불 화, 힘 력(역)
　 ➡ 불이 탈 때에 내는 열의 힘

28 南方(남방) : 남녘 남, 모 방
　 ➡ 네 방위의 하나. 나침반의 에스(S) 극이 가리키는 방위이다.

29 自己(자기) : 스스로 자, 몸 기
　 ➡ 그 사람 자신

30 入金(입금) : 들 입, 쇠 금
　 ➡ 돈이 들어옴. 또는 들어온 그 돈

31 人工(인공) : 사람 인, 장인 공
　 ➡ 사람의 힘으로 자연에 대하여 가공하거나 작용을 하는 일

32 下山(하산) : 아래 하, 메(뫼) 산

33 生日(생일) : 날 생, 날 일

34 心地(심지) : 마음 심, 땅 지

35 上同(상동) : 윗 상, 한가지 동

36 牛耳(우이) : 소 우, 귀 이

37 衣食(의식) : 옷 의, 먹을 식

38 外出(외출) : 바깥 외, 날 출

39 父母(부모) : 아버지 부, 어머니 모

40 馬車(마차) : 말 마, 수레 차

41 千古(천고) : 일천 천, 예 고

42 三寸(삼촌) : 석 삼, 마디 촌

43 本文(본문) : 근본 본, 글월 문

44 先生(선생) : 먼저 선, 날 생

45 千字文(천자문) : 일천 천, 글자 자, 글월 문

46 入門(입문) : 들 입, 문 문

47 門下生(문하생) : 문 문, 아래 하, 날 생
➡ 문하에서 배우는 제자
③ 門人(문인) : 문 문, 사람 인
➡ 문하에서 배우는 제자
① 門中(문중) : 문 문, 가운데 중
➡ 성과 본이 같은 가까운 집안
② 四門(사문) : 넉 사, 문 문
➡ 사방의 문. 또는 네 개의 문
④ 門外(문외) : 문 문, 바깥 외
➡ 문의 바깥쪽

48 上水(상수) : 윗 상, 물 수
➡ 음료수나 사용수 따위로 쓰기 위하여 수도관을 통하여 보내는 맑은 물
④ 下水(하수) : 아래 하, 물 수
➡ 빗물이나 집, 공장, 병원 따위에서 쓰고 버리는 더러운 물
① 水心(수심) : 물 수, 마음 심
➡ 강이나 호수 따위의 한가운데
② 生水(생수) : 날 생, 물 수
➡ 샘구멍에서 솟아 나오는 맑은 물

49 四方八方(사방팔방) : 넉 사, 모 방, 여덟 팔, 모 방
➡ 여기저기 모든 방향이나 방면

50 ① 가족이나 보호자에게 외출 사실을 알리는 것은 기본적인 예의이자 안전을 위한 중요한 행동이다.
② 방문을 세게 열고 닫는 것은 주변에 불쾌감을 줄 수 있는 예의 없는 행동이다.
④ 부모님께는 언제 어디서나 존댓말을 쓰는 것이 바른 태도이다.

제13회 정답 및 해설

정답표

01	02	03	04	05
③	④	③	③	②
06	07	08	09	10
③	③	②	①	④
11	12	13	14	15
①	②	③	④	②
16	17	18	19	20
④	③	③	②	③
21	22	23	24	25
②	④	③	④	③
26	27	28	29	30
④	①	①	④	③
31	32	33	34	35
②	④	③	④	①
36	37	38	39	40
③	②	④	③	④
41	42	43	44	45
①	④	①	③	④
46	47	48	49	50
①	④	③	④	③

01 ① 장인 공 : 工
　 ② 마디 촌 : 寸
　 ④ 선비 사 : 士

02 ① 주인 주 : 主
　 ② 왼 좌 : 左
　 ③ 손 수 : 手

03 ① 돌 석 : 石
　 ② 세상 세 : 世
　 ④ 이제 금 : 今

04 ① 눈 목 : 目
　 ② 스스로 자 : 自
　 ④ 장인 공 : 工

05 ① 지아비 부 : 夫
　 ③ 임금 왕 : 王
　 ④ 쇠 금 : 金

06 ① 큰 대 : 大
　 ② 말 마 : 馬
　 ④ 하늘 천 : 天

07 ① 자리 위 : 位
　 ② 아니 불 : 不
　 ④ 근본 본 : 本

08 ① 어머니 모 : 母
　 ③ 모 방 : 方
　 ④ 힘 력 : 力

09 ② 가운데 중 : 中
　 ③ 오른 우 : 右
　 ④ 들 입 : 入

10 ① 흙 토 : 土
　 ② 수풀 림 : 林
　 ③ 적을 소 : 少

11 ② 石 : 돌 석
　 ③ 先 : 먼저 선
　 ④ 上 : 위 상

12 ① 夫 : 지아비 부
　 ③ 九 : 아홉 구
　 ④ 北 : 북녘 북

13 ① 本 : 근본 본
　　② 水 : 물 수
　　④ 木 : 나무 목

14 ① 百 : 일백 백
　　② 同 : 한가지 동
　　③ 姓 : 성씨 성

15 ① 林 : 수풀 림
　　③ 自 : 스스로 자
　　④ 門 : 문 문

16 ① 石 : 돌 석
　　② 男 : 사내 남
　　③ 少 : 적을 소

17 ① 耳 : 귀 이
　　② 主 : 주인 주
　　④ 食 : 먹을 식

18 ① 兄 : 맏 형
　　② 羊 : 양 양
　　④ 手 : 손 수

19 ① 足 : 발 족
　　③ 火 : 불 화
　　④ 南 : 남녘 남

20 ① 父 : 아버지 부
　　② 江 : 강 강
　　④ 白 : 흰 백

21 ① 人 : 사람 인
　　③ 大 : 큰 대
　　④ 木 : 나무 목

22 中心(중심) : 가운데 중, 마음 심

23 南方(남방) : 남녘 남, 모 방

24 ④ 目(눈 목) ➡ 耳(귀 이)

25 ③ 不 – 총4획

26 土 : 흙 토
　　④ 地 : 땅 지　　① 石 : 돌 석
　　② 水 : 물 수　　③ 金 : 쇠 금

27 上同(상동) : 윗 상, 한가지 동
　　➡ 위에 적힌 사실과 같음

28 出金(출금) : 날 출, 쇠 금
　　➡ 돈을 내어 쓰거나 내어 줌. 또는 그 돈

29 方今(방금) : 모 방, 이제 금
　　➡ 말하고 있는 시점과 같은 때

30 七夕(칠석) : 일곱 칠, 저녁 석
　　➡ 음력 7월 7일을 이르는 말

31 外食(외식) : 바깥 외, 먹을 식
　　➡ 집에서 직접 해 먹지 아니하고 밖에서 음식을 사 먹음. 또는 그런 식사

32 姓名(성명) : 성씨 성, 이름 명

33 牛馬車(우마차) : 소 우, 말 마, 수레 차

34 年末(연말) : 해 년(연), 끝 말

35 男女(남녀) : 사내 남, 여자 녀(여)

36 玉食(옥식) : 구슬 옥, 먹을 식

37 上手(상수) : 윗 상, 손 수

38 先天(선천) : 먼저 선, 하늘 천

39 日出(일출) : 날 일, 날 출

40 小羊(소양) : 작을 소, 양 양

41 今日(금일) : 이제 금, 날 일

42 手巾(수건) : 손 수, 수건 건

43 名手(명수) : 이름 명, 손 수

44 方向(방향) : 모 방, 향할 향

45 王位(왕위) : 임금 왕, 자리 위

46 世子(세자) : 인간 세, 아들 자

47 ④ 外 : 바깥 외
　① 目 : 눈 목
　② 心 : 심장 심
　③ 耳 : 귀 이

48 火食(화식) : 불 화, 먹을 식
　➡ 불에 익힌 음식을 먹음. 또는 그 음식
　③ 生食(생식) : 날 생, 먹을 식
　➡ 익히지 아니하고 날로 먹음. 또는 그런 음식
　① 大食(대식) : 큰 대, 먹을 식
　➡ 음식을 많이 먹음
　② 衣食(의식) : 옷 의, 먹을 식
　➡ 의복과 음식을 아울러 이르는 말
　④ 小食(소식) : 작을 소, 먹을 식
　➡ 음식을 적게 먹음

49 三日天下(삼일천하) : 석 삼, 날 일, 하늘 천, 아래 하
　➡ 정권을 잡았다가 짧은 기간 내에 밀려나게 됨을 이르는 말

50 ③ 친구의 사소한 잘못을 선생님께 일러바치는 행동은 신뢰를 해치고 친구 관계에 부정적인 영향을 줄 수 있으므로 바르지 않은 행동이다. 단, 위험하거나 심각한 상황(폭력, 따돌림 등)에서는 선생님께 알리는 것이 필요할 수 있다.

제14회 정답 및 해설

정답표

01	02	03	04	05
③	①	③	②	④
06	07	08	09	10
①	③	④	①	③
11	12	13	14	15
②	④	②	④	①
16	17	18	19	20
②	③	①	②	②
21	22	23	24	25
④	④	③	③	②
26	27	28	29	30
①	③	④	④	④
31	32	33	34	35
④	③	①	④	③
36	37	38	39	40
②	②	④	④	③
41	42	43	44	45
①	②	①	④	④
46	47	48	49	50
②	④	③	②	②

01 ① 내 천 : 川
　　② 날 생 : 生
　　④ 쉴 휴 : 休

02 ② 귀 이 : 耳
　　③ 서녘 서 : 西
　　④ 옷 의 : 衣

03 ① 아들 자 : 子
　　② 아니 불 : 不
　　④ 바를 정 : 正

04 ① 수풀 림 : 林
　　③ 근본 본 : 本
　　④ 주인 주 : 主

05 ① 모 방 : 方
　　② 스스로 자 : 自
　　③ 수레 거 : 車

06 ② 세상 세 : 世
　　③ 글자 자 : 字
　　④ 한가지 동 : 同

07 ① 해 년 : 年
　　② 먼저 선 : 先
　　④ 물고기 어 : 魚

08 ① 날 출 : 出
　　② 안 내 : 內
　　③ 하늘 천 : 天

09 ② 작을 소 : 小
　　③ 쇠 금 : 金
　　④ 한가지 동 : 同

10 ① 임금 왕 : 王
　　② 글자 자 : 字
　　④ 장인 공 : 工

11 ① 車 : 수레 거
　　③ 犬 : 개 견
　　④ 馬 : 말 마

12 ① 水 : 물 수
　　② 白 : 흰 백
　　③ 兄 : 맏 형

13 ① 中 : 가운데 중
    ③ 石 : 돌 석
    ④ 衣 : 옷 의

14 ① 主 : 주인 주
    ② 弟 : 아우 제
    ③ 夫 : 지아비 부

15 ② 末 : 끝 말
    ③ 外 : 바깥 외
    ④ 六 : 여섯 륙

16 ① 力 : 힘 력
    ③ 川 : 내 천
    ④ 向 : 향할 향

17 ① 門 : 문 문
    ② 牛 : 소 우
    ④ 寸 : 마디 촌

18 ② 食 : 먹을 식
    ③ 士 : 선비 사
    ④ 巾 : 수건 건

19 ① 八 : 여덟 팔
    ③ 年 : 해 년
    ④ 立 : 설 립

20 ① 左 : 왼 좌
    ③ 金 : 쇠 금
    ④ 犬 : 개 견

21 ① 人 : 사람 인
    ② 本 : 근본 본
    ③ 林 : 수풀 림

22 名車(명차) : 이름 명, 수레 차

23 馬力(마력) : 말 마, 힘 력(역)

24 ③ 耳(귀 이) ➡ 手(손 수)

25 ② 世 - 총5획

26 末 : 끝 말
    ① 本 : 근본 본   ② 玉 : 구슬 옥
    ③ 一 : 한 일   ④ 少 : 적을 소

27 兄夫(형부) : 형 형, 지아비 부
    ➡ 언니의 남편을 이르거나 부르는 말

28 上向(상향) : 윗 상, 향할 향
    ➡ 위쪽을 향함. 또는 그 쪽

29 靑魚(청어) : 푸를 청, 물고기 어
    ➡ 청어과의 바닷물고기

30 手足(수족) : 손 수, 발 족
    ➡ 손과 발

31 年休(연휴) : 해 년(연), 쉴 휴
    ➡ 해마다 종업원에게 주도록 정하여진 유급 휴가

32 石火(석화) : 돌 석, 불 화

33 不正(부정) : 아닐 불, 바를 정

34 小食(소식) : 작을 소, 먹을 식

35 少女(소녀) : 적을 소, 여자 녀(여)

36 文士(문사) : 글월 문, 선비 사

37 名犬(명견) : 이름 명, 개 견

38 四寸(사촌) : 넉 사, 마디 촌

39 靑石(청석) : 푸를 청, 돌 석

40 女王(여왕) : 여자 녀(여), 임금 왕

41 玉文(옥문) : 구슬 옥, 글월 문

42 日字(일자) : 날 일, 글자 자

43 南北(남북) : 남녘 남, 북녘 북

44 先生(선생) : 먼저 선, 날 생

45 上衣(상의) : 윗 상, 옷 의

46 同生(동생) : 한가지 동, 날 생

47 內地(내지) : 안 내, 땅 지
➡ 한 나라의 영토 안
④ 外地(외지) : 바깥 외, 땅 지
➡ 나라 밖의 땅
① 內下(내하) : 안 내, 아래 하
➡ 임금이 신하에게 물건을 내리는 일
② 外口(외구) : 바깥 외, 입 구
➡ 거간의 수수료 중에서 객주(客主)가 받던 구문(口文). 보통 수수료의 절반에 해당한다.
③ 內外(내외) : 안 내, 바깥 외
➡ 안과 밖을 아울러 이르는 말

48 東西南北(동서남북) : 동녘 동, 서녘 서, 남녘 남, 북녘 북
➡ 동쪽·서쪽·남쪽·북쪽이라는 뜻으로, 모든 방향을 이르는 말

49 正心工夫(정심공부) : 바를 정, 마음 심, 장인 공, 지아비 부
➡ 마음을 바르게 가다듬어 배우고 익히는 데 힘씀

50 ① 위험한 행동으로, 교통사고의 위험이 있다.
③ 주변 사람에게 피해를 줄 수 있고, 안전하지 않은 행동이다.
④ 환경을 해치는 바르지 않은 행동이다.

제15회 정답 및 해설

🐑 정답표

01	02	03	04	05
④	③	④	②	①
06	07	08	09	10
④	②	②	③	④
11	12	13	14	15
②	②	④	①	①
16	17	18	19	20
①	④	①	④	②
21	22	23	24	25
③	②	④	④	①
26	27	28	29	30
③	③	②	④	③
31	32	33	34	35
①	④	③	③	④
36	37	38	39	40
③	②	①	④	②
41	42	43	44	45
①	②	③	④	③
46	47	48	49	50
④	③	④	①	①

01 ① 마디 촌 : 寸
　② 나무 목 : 木
　③ 몸 기 : 己

02 ① 적을 소 : 少
　② 가운데 중 : 中
　④ 옷 의 : 衣

03 ① 바깥 외 : 外
　② 이름 명 : 名
　③ 자리 위 : 位

04 ① 남녘 남 : 南
　③ 해 년 : 年
　④ 말 마 : 馬

05 ② 이제 금 : 今
　③ 저녁 석 : 夕
　④ 오른 우 : 右

06 ① 아홉 구 : 九
　② 손 수 : 手
　③ 성씨 성 : 姓

07 ① 모 방 : 方
　③ 임금 왕 : 王
　④ 바를 정 : 正

08 ① 돌 석 : 石
　③ 내 천 : 川
　④ 글월 문 : 文

09 ① 향할 향 : 向
　② 일백 백 : 百
　④ 소 우 : 牛

10 ① 적을 소 : 少
　② 물 수 : 水
　③ 스스로 자 : 自

11 ① 內 : 안 내
　③ 末 : 끝 말
　④ 金 : 쇠 금

12 ① 世 : 세상 세
　③ 外 : 바깥 외
　④ 王 : 임금 왕

13 ① 北 : 북녘 북
　　② 今 : 이제 금
　　③ 古 : 예 고

14 ② 兄 : 맏 형
　　③ 巾 : 수건 건
　　④ 字 : 글자 자

15 ② 靑 : 푸를 청
　　③ 門 : 문 문
　　④ 六 : 여섯 륙

16 ② 位 : 자리 위
　　③ 耳 : 귀 이
　　④ 東 : 동녘 동

17 ① 水 : 물 수
　　② 羊 : 양 양
　　③ 自 : 스스로 자

18 ② 生 : 날 생
　　③ 地 : 땅 지
　　④ 母 : 어머니 모

19 ① 弟 : 아우 제
　　② 向 : 향할 향
　　③ 石 : 돌 석

20 ① 文 : 글월 문
　　③ 年 : 해 년
　　④ 天 : 하늘 천

21 ① 木 : 나무 목
　　② 大 : 큰 대
　　④ 末 : 끝 말

22 不足(부족) : 아닐 불(부), 발 족

23 小食(소식) : 작을 소, 먹을 식
　➡ 음식을 적게 먹음

24 ③ 水(물 수) ➡ 山[메(뫼) 산]

25 ① 五 – 총4획

26 地 : 땅 지
　　① 月 : 달 월　② 川 : 내 천
　　③ 土 : 흙 토　④ 木 : 나무 목

27 自己(자기) : 스스로 자, 몸 기
　➡ 그 사람 자신

28 四方(사방) : 넉 사, 모 방
　➡ 동, 서, 남, 북 네 방위를 통틀어 이르는 말

29 靑木(청목) : 푸를 청, 나무 목
　➡ 검푸른 물을 들인 무명

30 中東(중동) : 가운데 중, 동녘 동
　➡ 유럽의 관점에서 본 극동(極東)과 근동(近東)의 중간 지역

31 六月(유월) : 여섯 륙(육), 달 월
　➡ 한 해 열두 달 가운데 여섯째 달

32 下向(하향) : 아래 하, 향할 향

33 木手(목수) : 나무 목, 손 수

34 百姓(백성) : 일백 백, 성씨 성

35 馬車(마차) : 말 마, 수레 차

36 休日(휴일) : 쉴 휴, 날 일

37 金玉(금옥) : 쇠 금, 구슬 옥

38 正門(정문) : 바를 정, 문 문

39 出力(출력) : 날 출, 힘 력(역)

40 年金(연금) : 해 년(연), 쇠 금

41 古木(고목) : 예 고, 나무 목

42 出土(출토) : 날 출, 흙 토

43 內心(내심) : 안 내, 마음 심

44 子正(자정) : 아들 자, 바를 정

45 南向(남향) : 남녘 남, 향할 향

46 正方(정방) : 바를 정, 모 방

47 名人(명인) : 이름 명, 사람 인
➡ 어떤 분야에서 기예가 뛰어나 유명한 사람
③ 名手(명수) : 이름 명, 손 수
➡ 기술분야에서 소질과 솜씨가 뛰어난 사람
① 名車(명차) : 이름 명, 수레 차
➡ 품질과 기능이 좋은 훌륭한 자동차
② 名門(명문) : 이름 명, 문 문
➡ 이름난 훌륭한 집안 또는 좋은 학교
④ 名字(명자) : 이름 명, 글자 자
➡ 널리 알려진 이름(사람의 이름 글자)

48 火食(화식) : 불 화, 먹을 식
➡ 불에 익힌 음식을 먹음. 또는 그 음식
④ 生食(생식) : 날 생, 먹을 식
➡ 익히지 아니하고 날로 먹음. 또는 그런 음식
① 外食(외식) : 바깥 외, 먹을 식
➡ 집에서 직접 해 먹지 아니하고 밖에서 음식을 사 먹음. 또는 그런 식사
② 大食(대식) : 큰 대, 먹을 식
➡ 음식을 많이 먹음

③ 小食(소식) : 작을 소, 먹을 식
➡ 음식을 적게 먹음

49 靑天白日(청천백일) : 푸를 청, 하늘 천, 흰 백, 날 일
➡ 하늘이 맑게 갠 대낮

50 ① 소란을 일으키고, 주변 사람에게 불쾌감을 줄 수 있으므로 바르지 않은 행동이다.

[제0-4호 서식]

한자급수자격시험·경시대회 답안지[앞면]

제□□□회 한자급수자격시험·경시대회 답안지[앞면]

사단법인 대한민국한자교육연구회 / 한국경정회

[제0-4호 서식]

제 □□ 회 한자급수자격시험 · 경시대회 답안지[앞면] 0 1

사단법인 대한민국한자교육연구회 / KTA 대한검정회 Korea Test Association

수 험 번 호 ※ 정확하게 기재하고 해당란에 ▮처럼 칠할 것.

한자급수시험 등급표기란		한문경시대회 부문표기란	
6	▯	A	▯
준5	▯	B	▯
5	▯	C	▯
준4	▯	D	▯
4	▯	E	▯
준3	▯	F	▯
3	▯	G	▯
준2	▯		
2	▯		

0 1 2 3 4 5 6 7 8 9 (수험번호 숫자 표기란)

주민번호 앞6자리 (생년월일) ※ 예 : 2001. 11. 22 ⇨ 01 11 22

성 별 남 ▯ 여 ▯

※ 참고사항

▶시험준비물을 제외한 모든 물품은 가방에 넣어 지정된 장소에 보관할 것.

▶시험시간 및 합격기준

등급	시험시간	합격기준
6급~준3급	14:00~14:40(40분)	70점이상
3급~2급	14:00~15:00(60분)	

▶합격자발표 : 시험 4주후 발표

-홈페이지 및 ARS(060-700-2130)

▶자격증 교부방법

-방문접수자는 접수처에서 교부

-인터넷접수자는 개별발송

※ 주 의 사 항

이 답안지는 한자급수자격시험 및 전국한문실력경시대회 겸용입니다.

1. 답안지가 구겨지거나 더럽혀지지 않도록 할 것. 모든 □안의 기록은 첫칸부터 한 자씩 붙여 쓸 것.

2. 답안지의 모든기재 사항은 **검정색 볼펜**을 사용하여 기재하고 해당번호에 한개의 답에만 ▮처럼 칠할 것.

3. **수험번호**와 **생년월일**을 정확하게 기재하여 주십시오.

4. ※ 표시가 있는 란은 절대 기입하지 말 것.

5. 기재오류로 인한 책임은 모두 응시자 여러분에게 있습니다.

※시험종료 후 시험지 및 답안지를 반드시 제출하십시오.

성 명 (한글) □□□□□ ※ 모든 □안의 기록은 첫 칸부터 한 자씩 붙여 쓰시오.

객 관 식 답 안 란

1	① ② ③ ④	14	① ② ③ ④	27	① ② ③ ④	40	① ② ③ ④
2	① ② ③ ④	15	① ② ③ ④	28	① ② ③ ④	41	① ② ③ ④
3	① ② ③ ④	16	① ② ③ ④	29	① ② ③ ④	42	① ② ③ ④
4	① ② ③ ④	17	① ② ③ ④	30	① ② ③ ④	43	① ② ③ ④
5	① ② ③ ④	18	① ② ③ ④	31	① ② ③ ④	44	① ② ③ ④
6	① ② ③ ④	19	① ② ③ ④	32	① ② ③ ④	45	① ② ③ ④
7	① ② ③ ④	20	① ② ③ ④	33	① ② ③ ④	46	① ② ③ ④
8	① ② ③ ④	21	① ② ③ ④	34	① ② ③ ④	47	① ② ③ ④
9	① ② ③ ④	22	① ② ③ ④	35	① ② ③ ④	48	① ② ③ ④
10	① ② ③ ④	23	① ② ③ ④	35	① ② ③ ④	49	① ② ③ ④
11	① ② ③ ④	24	① ② ③ ④	37	① ② ③ ④	50	① ② ③ ④
12	① ② ③ ④	25	① ② ③ ④	38	① ② ③ ④	※ 주관식 답안란은 뒷면에 있습니다.	
13	① ② ③ ④	26	① ② ③ ④	39	① ② ③ ④		

감독확인	정	
	부	

제◯◯회 한자급수자격시험 ◯경시대회 답안지[앞면]

주의사항

1. 답안지가 구겨지지 않도록 하며 낙서를 하지 마십시오.
2. 답안지의 모든 기재 및 표기사항은 검정색 볼펜으로 작성하여 해당란에 정확히 기재해야 합니다.
3. 수험번호와 생년월일을 정확하게 기재하고 해당란에 ●처럼 칠할 것.
4. ※ 표기가 있는 란은 절대 기입하지 말 것.
5. 기재오류로 인한 책임은 모두 응시자 여러분에게 있습니다.

참고사항

※ 예 : 2001. 11. 22 → 01 11 22

▶시험준비물을 재외한 모든 물품은 기방에 넣어 지정된 장소에 보관할 것.

▶시험시간 및 합격기준

등급	시험시간	합격기준
6급~준3급	14:00~14:40(40분)	70점이상
3급~2급	14:00~15:00(60분)	

▶합격자발표 : 시험 4주후 발표
- 홈페이지 및 ARS(060-700-2130)
- 자격증 교부방법
- 방문접수자는 접수장에서 교부
- 인터넷접수자는 개별우송
- 시험종료 후 시험지 및 답안지를 반드시 제출하십시오.

객관식 답안란

1	① ② ③ ④	14	① ② ③ ④	27	① ② ③ ④	40	① ② ③ ④
2	① ② ③ ④	15	① ② ③ ④	28	① ② ③ ④	41	① ② ③ ④
3	① ② ③ ④	16	① ② ③ ④	29	① ② ③ ④	42	① ② ③ ④
4	① ② ③ ④	17	① ② ③ ④	30	① ② ③ ④	43	① ② ③ ④
5	① ② ③ ④	18	① ② ③ ④	31	① ② ③ ④	44	① ② ③ ④
6	① ② ③ ④	19	① ② ③ ④	32	① ② ③ ④	45	① ② ③ ④
7	① ② ③ ④	20	① ② ③ ④	33	① ② ③ ④	46	① ② ③ ④
8	① ② ③ ④	21	① ② ③ ④	34	① ② ③ ④	47	① ② ③ ④
9	① ② ③ ④	22	① ② ③ ④	35	① ② ③ ④	48	① ② ③ ④
10	① ② ③ ④	23	① ② ③ ④	36	① ② ③ ④	49	① ② ③ ④
11	① ② ③ ④	24	① ② ③ ④	37	① ② ③ ④	50	① ② ③ ④
12	① ② ③ ④	25	① ② ③ ④	38	① ② ③ ④		
13	① ② ③ ④	26	① ② ③ ④	39	① ② ③ ④		

※ 주관식 답안란은 뒷면에 있습니다.

감독 확인 : 정 / 부

대한민국한자교육연구회 / 대한검정회

[제0-4호 서식]

한자급수자격시험 경시대회 답안지

대한민국한자교육연구회 / 대한검정회

주의사항

※ 주민번호의 생년월일은 해당란에 ●처럼 칠할 것

1. 답안지는 반드시 컴퓨터용 수성사인펜 및 검정볼펜을 사용하여 구겨지거나 더럽혀지지 않도록 기재란 첫칸부터 한 자씩 써 넣을 것.

2. 답안지의 모든기재 사항은 **2가지색 볼펜**을 사용한 후 기재하고 해당란 안에 한 개의 답에만 ●처럼 칠할 것.

3. 수험번호의 생년월일을 정확하게 기재하여 주십시오.

4. ※ 표시가 있는 란은 절대 기입하지 말 것.

5. 기재오류로 인한 책임은 모두 응시자 여러분에게 있습니다.

참고사항

※ 예 : 2001. 11. 22 ⇒ 01. 11. 22

▶ 시험준비물을 재외한 모든 물품은 가방에 넣어 지정된 장소에 보관할 것.

▶ 시험시간 및 합격기준

등급	시험시간	합격기준
6급~준3급	14:00~14:40(40분)	70점이상
3급~준2급	14:00~15:00(60분)	

▶ 합격자발표 : 시험 4주후 발표
- 홈페이지 및 ARS(060-700-2130)
- 자격증 교부방법
- 방문접수자는 접수장에서 교부
- 인터넷접수자는 개별발송
- ※ 시험종료 후 시험지 및 답안지를 반드시 재출하십시오.

객관식 답안란

| 성명(한글) | | |

1	① ② ③ ④	14	① ② ③ ④	27	① ② ③ ④	40	① ② ③ ④
2	① ② ③ ④	15	① ② ③ ④	28	① ② ③ ④	41	① ② ③ ④
3	① ② ③ ④	16	① ② ③ ④	29	① ② ③ ④	42	① ② ③ ④
4	① ② ③ ④	17	① ② ③ ④	30	① ② ③ ④	43	① ② ③ ④
5	① ② ③ ④	18	① ② ③ ④	31	① ② ③ ④	44	① ② ③ ④
6	① ② ③ ④	19	① ② ③ ④	32	① ② ③ ④	45	① ② ③ ④
7	① ② ③ ④	20	① ② ③ ④	33	① ② ③ ④	46	① ② ③ ④
8	① ② ③ ④	21	① ② ③ ④	34	① ② ③ ④	47	① ② ③ ④
9	① ② ③ ④	22	① ② ③ ④	35	① ② ③ ④	48	① ② ③ ④
10	① ② ③ ④	23	① ② ③ ④	36	① ② ③ ④	49	① ② ③ ④
11	① ② ③ ④	24	① ② ③ ④	37	① ② ③ ④	50	① ② ③ ④
12	① ② ③ ④	25	① ② ③ ④	38	① ② ③ ④		
13	① ② ③ ④	26	① ② ③ ④	39	① ② ③ ④		

※ 주관식 답안란은 뒷면에 있습니다.

감독	정	
확인	부	

제 □□ 회 한자급수자격시험 ○ 경시대회 답안지 [앞면]

[제0~4훈 서식]

사단법인 대한민국한자교육연구회 / 대한검정회

성명 (한글)

객관식 답안란

번호	1	2	3	4
1	①	②	③	④
2	①	②	③	④
3	①	②	③	④
4	①	②	③	④
5	①	②	③	④
6	①	②	③	④
7	①	②	③	④
8	①	②	③	④
9	①	②	③	④
10	①	②	③	④
11	①	②	③	④
12	①	②	③	④
13	①	②	③	④
14	①	②	③	④
15	①	②	③	④
16	①	②	③	④
17	①	②	③	④
18	①	②	③	④
19	①	②	③	④
20	①	②	③	④
21	①	②	③	④
22	①	②	③	④
23	①	②	③	④
24	①	②	③	④
25	①	②	③	④
26	①	②	③	④
27	①	②	③	④
28	①	②	③	④
29	①	②	③	④
30	①	②	③	④
31	①	②	③	④
32	①	②	③	④
33	①	②	③	④
34	①	②	③	④
35	①	②	③	④
36	①	②	③	④
37	①	②	③	④
38	①	②	③	④
39	①	②	③	④
40	①	②	③	④
41	①	②	③	④
42	①	②	③	④
43	①	②	③	④
44	①	②	③	④
45	①	②	③	④
46	①	②	③	④
47	①	②	③	④
48	①	②	③	④
49	①	②	③	④
50	①	②	③	④

※ 주관식 답안란은 뒷면에 있습니다.

※ 주의사항

1. 답안지는 컴퓨터로 처리되므로 구겨지거나 더럽혀지지 않도록 할 것. 모든 기록은 지워지지 않는 검정색 볼펜만 사용하여야 함.
2. 답안지의 모든기재 및 표기사항은 반드시 『컴퓨터용 검정색 볼펜』으로 작성하여야 함.
3. 수험번호와 생년월일 등은 아라비아 숫자로 기재하고 해당 『●』란에 정확하게 표기해야 주십시오.
4. ※ 표기가 되어 있는 란은 절대 기입하지 말 것.
5. 기재오류로 인한 책임은 모두 응시자 여러분에게 있습니다.

※ 참고사항

▲시험준비물을 제외한 모든 물품은 가방에 넣어 지정된 장소에 보관할 것.

▲시험시간 및 합격기준

등급	시험시간	합격기준
3급~초3급	14:00~14:40(40분)	70점이상
6급~초3급	14:00~15:00(60분)	

▲합격자발표 : 시험 4주후 발표
- 홈페이지 및 ARS(060-700-2130)

▲시험일정 : 2001. 11. 22 ⇨ 01. 11. 22

▲지참물: 신분증, 교재부분
- 사진필수자는 수험장에서 교부
- 인터넷접수자는 개별발송

수험번호

(정확하게 기재하고 해당란에 ●처럼 칠할 것.)

			-				-			
⓪	⓪			⓪	⓪	⓪		⓪	⓪	⓪
①	①	A		①	①	①		①	①	①
②	②	B		②	②	②		②	②	②
③	③	C		③	③	③		③	③	③
④	④	D		④	④	④		④	④	④
⑤	⑤	E		⑤	⑤	⑤		⑤	⑤	⑤
⑥	⑥	F		⑥	⑥	⑥		⑥	⑥	⑥
⑦	⑦	G		⑦	⑦	⑦		⑦	⑦	⑦
⑧	⑧			⑧	⑧	⑧		⑧	⑧	⑧
⑨	⑨			⑨	⑨	⑨		⑨	⑨	⑨

훈급별
- 준2
- 3
- 준3
- 4
- 준4
- 5
- 준5
- 6

주민번호 앞6자리 (생년월일)

⓪	⓪	⓪	⓪	⓪	⓪
①	①	①	①	①	①
②	②	②	②	②	②
③	③		③		③
④	④		④		④
⑤	⑤		⑤		⑤
⑥	⑥		⑥		⑥
⑦	⑦		⑦		⑦
⑧	⑧		⑧		⑧
⑨	⑨		⑨		⑨

성별
- 남 ○
- 여 ○

감독확인
- 정
- 부

[제0-4호 서식]

제 □□□ 회 한자급수자격시험 · 경시대회 답안지[앞면] 0 1

사단법인 대한민국한자교육연구회 / 대한검정회

The image shows a Korean OMR (optical mark recognition) answer sheet for the 한자급수자격시험·경시대회 (Hanja Proficiency Test / Competition), rotated 90 degrees. It contains fields for examinee number (수험번호), name (성명), resident registration number (주민번호 앞6자리/생년월일), gender (성별), and answer bubbles numbered 1 through 50.

제 □□ 회 한자급수자격시험·경시대회 답안지[앞면]
[제0~4훈 서식]

사단법인 대한민국한자교육연구회 / 한국한자검정회 (KTA)

※ 주의사항
1. 답안지는 반드시 구겨지거나 더럽혀지지 않도록 할 것. 모든 기재는 첫칸부터 한 자씩 붙여 쓸 것.
2. 답안지의 모든기재 및 표기사항은 검정색 볼펜으로 해당란에 기재하고 ●처럼 칠할 것.
3. 수험번호와 성명을 정확하게 기재하여 주십시오.
4. ※표가 있는 란은 절대 기입하지 말 것.
5. 기재오류로 인한 책임은 모두 응시자 여러분에게 있습니다.

▶ 참고사항
▶ 시험준비물을 제외한 모든 물품은 가방에 넣어 지정된 장소에 보관할 것.
▶ 시험시간 및 합격기준

등급	시험시간	합격기준
6급~중3급	14:00~14:40 (40분)	70점이상
3급~2급	14:00~15:00 (60분)	

▶ 합격자발표 : 시험 4주후 발표
- 홈페이지 및 ARS(060-700-2130)
- 자격증 교부방법
- 방문접수자는 접수지에서 교부
- 인터넷접수자는 개별우송

※ 시험종료 후 시험지 및 답안지를 반드시 제출하시오.

※ 예 : 2001. 11. 22 → 01. 11. 22

객관식 답안란 (1~50번, 각 ①②③④)

감독확인 / 정 / 부

제 ☐☐ 회 한자급수자격시험 · 경시대회 답안지[앞면]

[제0~4등 서식]

사단
법인 대한민국한자교육연구회 / KTA 대한검정회

성명 (한글)

※ 모든 □안의 기록은
   왼쪽부터 한 자씩 들여 쓰시오.

※ 주의사항

이 답안지는 한자급수자격시험 및 전국한문 경시대회 겸용입니다.

1. 답안지는 구겨지거나 더럽혀지지 않도록 할 것.
2. 답안의 모든 기재는 검정색 볼펜으로 시험당일 기재하여 해당 답란에 기재한 후 ●처럼 칠할 것.
3. 수험번호와 생년월일을 정확하게 기재하여 주십시오.
4. ※표시가 있는 란은 절대 기입하지 말 것.
5. 기재오류로 인한 책임은 모두 응시자 여러분에게 있습니다.

▶ 합격자발표
- 홈페이지 및 ARS(060-700-2130)
- 시험 4주후 발표

▶ 시험준비물를 재입한 모든 물품은 가방에 넣어 지정된 장소에 보관할 것.

▶ 시험시간 및 합격기준

등급	시험시간	합격기준
3급~준2급	14:00~14:40(40분)	70점이상
6급~준3급	14:00~15:00(60분)	

※ 참고사항
※ 예: 2001.11.22 ⇒ 01.11.22

수험번호

⓪	⓪	
①	①	
②	②	
③	③	
④	④	
⑤	⑤	
⑥	⑥	
⑦	⑦	
⑧	⑧	
⑨	⑨	

주민번호 앞6자리(생년월일)

성별: 남 / 여

한자급수시험 현장경시대회
응답표기란 응답표기란

준5 6 A ⓪ ⓪
준4 5 B ① ①
준3 4 C ② ②
준2 3 D ③ ③
2 F E ④ ④
  G F ⑤ ⑤
    ⑥ ⑥
    ⑦ ⑦
    ⑧ ⑧
    ⑨ ⑨

성명

객관식 답안란

번호	①	②	③	④	번호	①	②	③	④	번호	①	②	③	④
1	①	②	③	④	14	①	②	③	④	27	①	②	③	④
2	①	②	③	④	15	①	②	③	④	28	①	②	③	④
3	①	②	③	④	16	①	②	③	④	29	①	②	③	④
4	①	②	③	④	17	①	②	③	④	30	①	②	③	④
5	①	②	③	④	18	①	②	③	④	31	①	②	③	④
6	①	②	③	④	19	①	②	③	④	32	①	②	③	④
7	①	②	③	④	20	①	②	③	④	33	①	②	③	④
8	①	②	③	④	21	①	②	③	④	34	①	②	③	④
9	①	②	③	④	22	①	②	③	④	35	①	②	③	④
10	①	②	③	④	23	①	②	③	④	37	①	②	③	④
11	①	②	③	④	24	①	②	③	④	38	①	②	③	④
12	①	②	③	④	25	①	②	③	④	39	①	②	③	④
13	①	②	③	④	26	①	②	③	④					

번호	①	②	③	④
40	①	②	③	④
41	①	②	③	④
42	①	②	③	④
43	①	②	③	④
44	①	②	③	④
45	①	②	③	④
46	①	②	③	④
47	①	②	③	④
48	①	②	③	④
49	①	②	③	④
50	①	②	③	④

※ 주관식 답안란은 뒷면에 있습니다.

감독	전	
확인	부	

제 ☐☐회 한자급수자격시험 경시대회 답안지[앞면]
[제0-4호 서식]

사단
법인 대한민국한자교육연구회 / 대한검정회

성 명
(한글)

※ 모든 답안의 기록은
첫 칸부터 한 자씩
들여 쓰시오.

객관식 답안란

1	① ② ③ ④	14	① ② ③ ④	27	① ② ③ ④	40	① ② ③ ④
2	① ② ③ ④	15	① ② ③ ④	28	① ② ③ ④	41	① ② ③ ④
3	① ② ③ ④	16	① ② ③ ④	29	① ② ③ ④	42	① ② ③ ④
4	① ② ③ ④	17	① ② ③ ④	30	① ② ③ ④	43	① ② ③ ④
5	① ② ③ ④	18	① ② ③ ④	31	① ② ③ ④	44	① ② ③ ④
6	① ② ③ ④	19	① ② ③ ④	32	① ② ③ ④	45	① ② ③ ④
7	① ② ③ ④	20	① ② ③ ④	33	① ② ③ ④	46	① ② ③ ④
8	① ② ③ ④	21	① ② ③ ④	34	① ② ③ ④	47	① ② ③ ④
9	① ② ③ ④	22	① ② ③ ④	35	① ② ③ ④	48	① ② ③ ④
10	① ② ③ ④	23	① ② ③ ④	36	① ② ③ ④	49	① ② ③ ④
11	① ② ③ ④	24	① ② ③ ④	37	① ② ③ ④	50	① ② ③ ④
12	① ② ③ ④	25	① ② ③ ④	38	① ② ③ ④		
13	① ② ③ ④	26	① ② ③ ④	39	① ② ③ ④		

※ 주관식 답안란은
뒷면에 있습니다.

감독	확 인	
		정 부

※ 한자급수시험 한문경시대회
예 답표기란 답란표기란

수험번호
※ 정확하게 기재하고 해당란에 ● 처럼 칠할 것.

		주민번호 앞6자리 (생년월일)			성별
준2					
준3	F				남
준4	E				여
준5	D				
5	C				
6	B				
	A				

※ 예: 2001. 11. 22 ⇒ 01. 11. 22

참고사항

▶ 시험준비물로 책 외의 모든 물품은 지정한 장소에 보관할 것.

▶ 수험번호의 성명을 정확하게 기재하여 주십시오.

※ 표기가 있는 칸은 절대 기입하지 말 것.

▶ 시험시간 및 합격기준

등급	시험시간	합격기준
6급~준3급	14:00~14:40(40분)	70점이상
3급~2급	14:00~15:00(60분)	

▶ 합격자발표
- 시험 4주후 발표
- 홈페이지 및 ARS(060-700-2130)

▶ 지참증 지참방법
- 방문접수자는 접수장에서 교부
- 인터넷접수자는 개별발송

※ 시험종료 후 시험지 및 답안지를 반드시 재출하십시오.

5. 기재오류로 인한 책임은 모두 응시자 여러분에게 있습니다.

제 ◯◯ 회 한자급수자격시험 ◯ 경시대회 답안지 [앞면] 01
[재0-4훈 서식]
사단법인 대한민국한자교육연구회 / 대한검정회

제 ☐☐ 회 한자급수자격시험 · 경시대회 답안지[앞면]

[제 0 - 4 회 서식]

대한민국한자교육연구회 / 대한검정회

주의사항

이 답안지는 한자급수자격시험 및 전국한문실력경시대회 겸용입니다.

1. 답안지가 구겨지거나 더렵혀지지 않도록 할 것, 모든 기록은 첫칸부터 자세 불여 쓸 것.
2. 답안지의 모든기재 사항과 기재하고 해당 답호에 함께의 ●처럼 출칠 것.
3. 수험번호와 생년월일을 정확하게 기재하여 주십시요.
4. ※ 표시가 있는 란은 절대 기입하지 말 것.
5. 기재오류로 인한 책임은 모두 응시자 여러분에게 있습니다.

※참고사항

▲시험준비물을 제외한 모든 물품은 가방에 넣어 지정된 장소에 보관할 것.

▲시험시간 및 합격기준

시험시간	합격기준
6급~준3급 14:00~14:40(40분)	70점이상
3급~2급 14:00~15:00(60분)	

▲합격자발표 : 시험 4주후 발표 -홈페이지 및 ARS(060-700-2130)

▲지역중 파부여부 -방문접수자는 접수처에서 교부 -인터넷접수자는 개별발송

※ 예 : 2001. 11. 22 → 01. 11. 22

수험번호							주민번호 앞6자리 (생년월일)						성별
													남 여
0	0	0	0	0	0	0		0	0	0	0	0	
1	1	1	1	1	1	1		1	1	1	1	1	
2	2	2	2	2	2	2				2	2	2	
3	3	3	3	3	3	3				3	3	3	
4	4	4	4	4	4	4		4	4		4	4	
5	5	5	5	5	5	5		5	5		5	5	
6	6	6	6	6	6	6		6	6		6	6	
7	7	7	7	7	7	7		7	7		7	7	
8	8	8	8	8	8	8		8	8		8	8	
9	9	9	9	9	9	9		9	9		9	9	

급수 표기란: 6 준5 5 준4 4 준3 3 준2 2
한자급수시험 한문경시대회 급수 표기란: A B C D E F G

※ 정확하게 기재하고 해당란에 ●처럼 출칠 것.

성명 (한글)

객관식 답안란

문번	①	②	③	④
1	①	②	③	④
2	①	②	③	④
3	①	②	③	④
4	①	②	③	④
5	①	②	③	④
6	①	②	③	④
7	①	②	③	④
8	①	②	③	④
9	①	②	③	④
10	①	②	③	④
11	①	②	③	④
12	①	②	③	④
13	①	②	③	④
14	①	②	③	④
15	①	②	③	④
16	①	②	③	④
17	①	②	③	④
18	①	②	③	④
19	①	②	③	④
20	①	②	③	④
21	①	②	③	④
22	①	②	③	④
23	①	②	③	④
24	①	②	③	④
25	①	②	③	④
26	①	②	③	④
27	①	②	③	④
28	①	②	③	④
29	①	②	③	④
30	①	②	③	④
31	①	②	③	④
32	①	②	③	④
33	①	②	③	④
34	①	②	③	④
35	①	②	③	④
36	①	②	③	④
37	①	②	③	④
38	①	②	③	④
39	①	②	③	④
40	①	②	③	④
41	①	②	③	④
42	①	②	③	④
43	①	②	③	④
44	①	②	③	④
45	①	②	③	④
46	①	②	③	④
47	①	②	③	④
48	①	②	③	④
49	①	②	③	④
50	①	②	③	④

※ 주관식 답안란은 뒷면에 있습니다.

※ 모든 ☐ 안의 기록은 첫칸부터 한 자씩 불여 쓰시오.

감독 확인	성	부

제 ◯◯ 회 한자급수자격시험 ◯ 경시대회 답안지 [앞면]

[제10-4호 서식]

사단법인 대한민국한자교육연구회 / 대한검정회

주의사항

※ 이 답안지는 한자급수자격시험 및 경시대회 검정용입니다.

1. 답안지가 구겨지거나 더럽혀지지 않도록 할 것. 모두 □안의 기호를 첫 부분부터 한 자씩 옮겨 쓸 것.
2. 답안지의 모든 기재 및 표기사항은 '컴정색' 볼펜을 사용하여 기재하고 해당란에 ●표만 한 개씩 할 것.
3. 답안지의 성명은 '정확하게' 기재해야 주십시오.
4. ※표가 있는 란은 절대 기입하지 말 것.
5. 기재오류로 인한 책임은 모두 응시자 본인에게 있습니다.

참고사항

※ 예: 2001. 11. 22 → 01. 11. 22.

구분	시험시간	합격기준
한격자발표 : 시험 4주후 발표		
홈페이지 및 ARS(060-700-2130)		
3급-2급	14:00-15:00(60분)	70점이상
6급-준3급	14:00-14:40(40분)	
등급	시험시간	합격기준

▶ 시험준비물을 제외한 모든 물품은 가방에 넣어 지정된 장소에 보관할 것.

▶ 한격자발표: 시험 4주후 발표
- 홈페이지 및 ARS(060-700-2130)
- 3급-2급
- 6급-준3급
- 시험종료 후 시험지 및 답안지를 반드시 재출하십시오.
- 자격증 교부방법
  - 방문접수자는 접수처에서 교부
  - 인터넷접수자는 개별발송

성명(한글)		

※ 객관식 답안란

1	① ② ③ ④	14	① ② ③ ④	27	① ② ③ ④	40	① ② ③ ④
2	① ② ③ ④	15	① ② ③ ④	28	① ② ③ ④	41	① ② ③ ④
3	① ② ③ ④	16	① ② ③ ④	29	① ② ③ ④	42	① ② ③ ④
4	① ② ③ ④	17	① ② ③ ④	30	① ② ③ ④	43	① ② ③ ④
5	① ② ③ ④	18	① ② ③ ④	31	① ② ③ ④	44	① ② ③ ④
6	① ② ③ ④	19	① ② ③ ④	32	① ② ③ ④	45	① ② ③ ④
7	① ② ③ ④	20	① ② ③ ④	33	① ② ③ ④	46	① ② ③ ④
8	① ② ③ ④	21	① ② ③ ④	34	① ② ③ ④	47	① ② ③ ④
9	① ② ③ ④	22	① ② ③ ④	35	① ② ③ ④	48	① ② ③ ④
10	① ② ③ ④	23	① ② ③ ④	36	① ② ③ ④	49	① ② ③ ④
11	① ② ③ ④	24	① ② ③ ④	37	① ② ③ ④	50	① ② ③ ④
12	① ② ③ ④	25	① ② ③ ④	38	① ② ③ ④		
13	① ② ③ ④	26	① ② ③ ④	39	① ② ③ ④		

※ 주관식 답안란은 뒷면에 있습니다.

감독확인	전	부

[제 0-4훈 서식]

한자급수자격시험 · 경시대회 답안지[앞면]

사단법인 대한민국한자교육연구회 / 대한검정회

제 □□□ 회 한자급수자격시험 ○경시대회 답안지[앞면]

[제0·4숫 서식]
사단
법인 대한민국한자교육연구회 / KTA 대한검정회

주 의 사 항

1. 답안지가 구겨지거나 더럽혀지지 않도록 할 것. 모든 기록은 첫칸부터 한 자씩 들여 쓸 것.
2. 답안지의 모든 기재사항은 검정색 볼펜으로 기재하고 해당란에 맞추어 한 개씩 ● 처럼 칠할 것.
3. 수험번호의 정확하게 기재하여 주십시오.
4. ※ 표가 있는 란은 절대 기입하지 말 것.
5. 기재오류로 인한 책임은 전적으로 응시자 여러분에게 있습니다.

※ 참고사항

▶시험일자 및 합격기준

등급	시험시간	합격기준
3급~2급	14:00~15:00(60분)	70점이상
6급~준3급	14:00~14:40(40분)	

▶합격자발표 : 시험 4주후 발표
- 총페이지 및 ARS(060-700-2130)

▶시험시간 및 합격기준
- 시험중 휴대폰 재외한 모든 물품은 가방에 넣어 지정된 장소에 보관할 것.

- 지격증 교부방법
  - 방문접수자는 접수지에서 교부
  - 인터넷접수자는 개별발송
- ※ 시험종료 후 시험지 및 답안지를 반드시 제출하십시오.

※ 예 : 2001. 11. 22 ⇔ 01. 11. 22

성명 (한글)

객 관 식 답 안 란

1	① ② ③ ④	14	① ② ③ ④	27	① ② ③ ④	40	① ② ③ ④
2	① ② ③ ④	15	① ② ③ ④	28	① ② ③ ④	41	① ② ③ ④
3	① ② ③ ④	16	① ② ③ ④	29	① ② ③ ④	42	① ② ③ ④
4	① ② ③ ④	17	① ② ③ ④	30	① ② ③ ④	43	① ② ③ ④
5	① ② ③ ④	18	① ② ③ ④	31	① ② ③ ④	44	① ② ③ ④
6	① ② ③ ④	19	① ② ③ ④	32	① ② ③ ④	45	① ② ③ ④
7	① ② ③ ④	20	① ② ③ ④	33	① ② ③ ④	46	① ② ③ ④
8	① ② ③ ④	21	① ② ③ ④	34	① ② ③ ④	47	① ② ③ ④
9	① ② ③ ④	22	① ② ③ ④	35	① ② ③ ④	48	① ② ③ ④
10	① ② ③ ④	23	① ② ③ ④	36	① ② ③ ④	49	① ② ③ ④
11	① ② ③ ④	24	① ② ③ ④	37	① ② ③ ④	50	① ② ③ ④
12	① ② ③ ④	25	① ② ③ ④	38	① ② ③ ④		
13	① ② ③ ④	26	① ② ③ ④	39	① ② ③ ④		

※ 주관식 답안은 뒷면에 있습니다.

감독확인 : 정 / 부

[This page is an OMR answer sheet for 한자급수자격시험·경시대회 답안지, containing bubble fields for 수험번호, 성명, 주민번호, and answer bubbles numbered 1–50, along with instructions. No substantive prose content to transcribe.]

[제0-4회 서식]
한자급수자격시험 ○경시대회 답안지 [앞면]
대한민국한자교육연구회 / 대한검정회

※ 주의사항

1. 답안지는 컴퓨터로 처리되므로 구겨지거나 더럽혀지지 않도록 조심하고, 특히 기재된 내용을 지울 때에는 깨끗이 지워야 합니다.
2. 답안지의 모든 기재 및 표기사항은 검정색 볼펜을 사용하여 기재하고 해당란에 ●처럼 완전하게 표기해야 합니다.
3. 수험번호와 생년월일을 정확하게 기재하여 주십시오.
4. ※ 표기가 있는 란은 절대 기입하지 말 것.
5. 기재오류로 인한 책임은 모두 응시자 여러분에게 있습니다.

※ 참고사항

▶ 시험일 : 2001. 11. 22 ⇒ 01. 11. 22

▶ 합격자발표 : 시험 4주후 발표
- 홈페이지 및 ARS(060-700-2130)

등급	시험시간	합격기준
6급~준3급	14:00~14:40(40분)	70점이상
3급~2급	14:00~15:00(60분)	

▶ 시험시간 및 합격기준

▶ 시험준비물을 제외한 모든 물품은 가방에 넣어 지정된 장소에 보관할 것.

- 자격증 교부방법
- 방문접수자는 접수장소에서 교부
- 인터넷접수자는 개별발송

성별: 남 ○ 여 ○

※ 예: 2001. 11. 22 ⇒ 01. 11. 22 처럼 쓸 것.

수험번호 | - | 성명(한글) | 감독 확인

주민번호 앞6자리 (생년월일)

객관식 답안란

1	① ② ③ ④	14	① ② ③ ④	27	① ② ③ ④	40	① ② ③ ④
2	① ② ③ ④	15	① ② ③ ④	28	① ② ③ ④	41	① ② ③ ④
3	① ② ③ ④	16	① ② ③ ④	29	① ② ③ ④	42	① ② ③ ④
4	① ② ③ ④	17	① ② ③ ④	30	① ② ③ ④	43	① ② ③ ④
5	① ② ③ ④	18	① ② ③ ④	31	① ② ③ ④	44	① ② ③ ④
6	① ② ③ ④	19	① ② ③ ④	32	① ② ③ ④	45	① ② ③ ④
7	① ② ③ ④	20	① ② ③ ④	33	① ② ③ ④	46	① ② ③ ④
8	① ② ③ ④	21	① ② ③ ④	34	① ② ③ ④	47	① ② ③ ④
9	① ② ③ ④	22	① ② ③ ④	35	① ② ③ ④	48	① ② ③ ④
10	① ② ③ ④	23	① ② ③ ④	36	① ② ③ ④	49	① ② ③ ④
11	① ② ③ ④	24	① ② ③ ④	37	① ② ③ ④	50	① ② ③ ④
12	① ② ③ ④	25	① ② ③ ④	38	① ② ③ ④		
13	① ② ③ ④	26	① ② ③ ④	39	① ② ③ ④		

※ 주관식 답안란은 뒷면에 있습니다.

[OMR answer sheet - not transcribed as document text]

제 ○○ 회 한자급수자격시험 ○ 경시대회 답안지[앞면]

[제10-4호 서식]

사단법인 대한민국한자교육연구회 / KTA 대한검정회

※ 모든 답안의 기록은 첫 칸부터 한 자씩 들여 쓰시오.

성 명 (한글)

주의사항

1. 답안지가 훼손되지 않도록 구겨지거나 더럽히지지 않아야 하며 이 답안지는 한자급수자격시험 및 경시대회 겸용입니다.
2. 답안지의 모든 기재 사항은 검정색 볼펜을 사용하여 기재하고 해당 답란에 ●처럼 칠할 것.
3. 수험번호의 생년월일 등을 정확하게 기재하여 주십시오.
4. ※ 표시가 있는 란은 절대 기입하지 말 것.
5. 기재오류로 인한 책임은 모두 응시자 여러분에게 있습니다.

참고사항

※ 예 : 2001. 11. 22 ⇒ 01. 11. 22

▶ 시험문제를 제외한 모든 물품은 가방에 넣어 지정된 장소에 보관할 것.

▶ 시험시간 및 합격기준

등급	시험시간	합격기준
6급~준3급	14:00~14:40(40분)	70점이상
3급~준2급	14:00~15:00(60분)	

▶ 합격자발표 : 시험 4주 후 발표
- 홈페이지 및 ARS(060-700-2130)
- 자격증 교부방법
- 방문접수자는 접수장에서 교부
- 인터넷접수자는 개별발송
- 시험종료 후 시험지 및 답안지를 반드시 재출하십시오.

객관식 답안란

	①	②	③	④		①	②	③	④		①	②	③	④		①	②	③	④
1	①	②	③	④	14	①	②	③	④	27	①	②	③	④	40	①	②	③	④
2	①	②	③	④	15	①	②	③	④	28	①	②	③	④	41	①	②	③	④
3	①	②	③	④	16	①	②	③	④	29	①	②	③	④	42	①	②	③	④
4	①	②	③	④	17	①	②	③	④	30	①	②	③	④	43	①	②	③	④
5	①	②	③	④	18	①	②	③	④	31	①	②	③	④	44	①	②	③	④
6	①	②	③	④	19	①	②	③	④	32	①	②	③	④	45	①	②	③	④
7	①	②	③	④	20	①	②	③	④	33	①	②	③	④	46	①	②	③	④
8	①	②	③	④	21	①	②	③	④	34	①	②	③	④	47	①	②	③	④
9	①	②	③	④	22	①	②	③	④	35	①	②	③	④	48	①	②	③	④
10	①	②	③	④	23	①	②	③	④	36	①	②	③	④	49	①	②	③	④
11	①	②	③	④	24	①	②	③	④	37	①	②	③	④	50	①	②	③	④
12	①	②	③	④	25	①	②	③	④	38	①	②	③	④					
13	①	②	③	④	26	①	②	③	④	39	①	②	③	④					

※ 주관식 답안란은 뒷면에 있습니다.

감독	정	
확인	부	